PAIXÃO DE CRISTO – PAIXÃO DO MUNDO

Dados Internacionais de Catalogação na Publicação (CIP)
(Câmara Brasileira do Livro, SP, Brasil)

Boff, Leonardo
Paixão de Cristo, paixão do mundo : os fatos, as interpretações e o significado ontem e hoje / Leonardo Boff. – 7. ed. – Petrópolis, RJ: Vozes, 2012.

Bibliografia.
ISBN 978-85-326-0257-2

1. Jesus Cristo – Crucificação 2. Jesus Cristo – Paixão 3. Jesus Cristo – Personalidade e missão I. Título

07-4098   CDD-232.96

Índices para catálogo sistemático:
1. Jesus Cristo : Paixão e morte : Cristologia   232.96

Leonardo Boff

PAIXÃO DE CRISTO - PAIXÃO DO MUNDO

Os fatos, as interpretações e o significado ontem e hoje

Petrópolis

© By Animus / Anima Produções, 2003
Caixa Postal 92.144 – Itaipava
25750-970 Petrópolis, RJ

Direitos de publicação em língua portuguesa:
1977, Editora Vozes Ltda.
Rua Frei Luís, 100
25689-900 Petrópolis, RJ
Internet: http://www.vozes.com.br
Brasil

Nihil Obstat
Frei Gentil Titton, O.F.M.
Censor ad hoc
Petrópolis, 15 de fevereiro de 1977

Imprimatur
† Henrique Müller
Bispo Diocesano de Joaçaba, SC
Joaçaba, 20 de fevereiro de 1977

Assessoria Jurídica e Agenciamento Literário:
Cristiano Monteiro de Miranda
(21) 9385-5335
cristianomiranda@leonardoboff.com

Todos os direitos reservados. Nenhuma parte desta obra poderá ser reproduzida ou transmitida por qualquer forma e/ou quaisquer meios (eletrônico ou mecânico, incluindo fotocópia e gravação) ou arquivada em qualquer sistema ou banco de dados sem permissão escrita da Editora.

Diretor editorial
Frei Antônio Moser

Editores
Aline dos Santos Carneiro
José Maria da Silva
Lídio Peretti
Marilac Loraine Oleniki

Secretário executivo
João Batista Kreuch

Projeto gráfico: Alex M. da Silva
Capa: Adriana Miranda

Editado conforme o novo acordo ortográfico.

Este livro foi composto e impresso pela Editora Vozes Ltda.

Ao amigo e mestre Alceu Amoroso Lima,

por seu testemunho profético.

Sumário

Esclarecimento, 11

I. *O problema e suas formulações*, 17
1. O interesse que orienta nossa pesquisa, 17
2. O interesse dos relatos evangélicos sobre a paixão de Jesus, 22
3. O interesse da nossa leitura da paixão de Jesus, 26

II. *A morte violenta de Jesus na cruz como consequência de uma práxis e de uma mensagem*, 30
1. O projeto histórico de Jesus, 31
   a) A infraestrutura de seu tempo: os desafios, 34
   b) O projeto histórico de Jesus: a resposta, 37
   c) A nova práxis de Jesus, libertadora da vida oprimida, 41
   d) Fundamento do projeto histórico de Jesus e da práxis libertadora: a experiência de Deus-Pai, 53
2. A morte criminosa de Jesus, 54
   a) Passos de um caminho, 56
   b) Processo e condenação de Jesus, 71
   c) A crucificação de Jesus, 79

III. *Como Jesus teria interpretado sua própria morte?*, 83
1. Atitude de Jesus face à morte violenta, 83
   a) Aporias exegético-teológicas, 85
   b) Indícios de uma tomada de consciência progressiva, 88

2. Como Jesus teria representado o seu fim, 96

3. Tentativa de reconstrução do caminho do Jesus histórico, 101

4. O significado transcendente da morte humana de Jesus, 114

IV. *A ressurreição como o derradeiro sentido da morte de Cristo*, 119

V. *Interpretações da morte de Cristo nas primitivas comunidades cristãs*, 124

1. O destino comum dos profetas e dos justos: a morte violenta, 125

2. O Messias crucificado, 127

3. A morte como expiação e sacrifício, 130

   a) Um fragmento de um hino helenístico e judeu-cristão: Rm 3,25-26a, 133

   b) Textos eucarísticos e temática de sacrifício, 135

4. A morte de Cristo nas reflexões teológicas de São Paulo, 137

   a) A liberdade não é de outros, mas para os outros, 140

   b) A função soteriológica e escatológica da morte de Jesus, 143

   c) A morte de Cristo nos libertou da maldição pela lei não cumprida, 146

5. A morte de Cristo como sacrifício na Epístola aos Hebreus, 148

VI. *As principais interpretações da morte de Cristo na tradição teológica: sua caducidade e sua atualidade*, 150

1. O que é propriamente redentor em Jesus Cristo: O começo (encarnação) ou o fim (cruz)?, 153

2. Problemática e aporias das imagens representativas da redenção, 155

3. O modelo do sacrifício expiatório: morto pelo pecado de seu povo, 160
   a) Limites da representação, 161
   b) Valor permanente da representação, 162
4. O modelo de redenção e de resgate: esmagado por nossas iniquidades 164
   a) Limites da representação, 165
   b) Valor permanente da representação, 165
5. O modelo da satisfação substitutiva: fomos curados graças a seus padecimentos, 167
   a) Limites da representação, 168
   b) Valor permanente da representação, 169
6. Jesus Cristo liberta na solidariedade universal com todos os homens, 171

VII. *A teologia da cruz e da morte no horizonte da hodierna teologia*, 175
1. Uma interrogação sempre em aberto..., 175
2. Hodiernas teologias da cruz, 178
   a) Jesus Cristo, o Deus crucificado, 178
   b) Deus diz não ao sofrimento, 181
   c) O sofrimento não tem sentido, mas podemos conferir-lhe um, 183
   d) A *memoria passionis*, 184
   e) A cruz não é para se entender, mas para se assumir como escândalo, 185
   f) A cruz é escândalo porque é crime, 188
3. Convergências e divergências nas várias posições, 189
   a) Um Deus que não sofre não liberta do sofrimento, 189
   b) Um Deus que morre: de que Deus se trata?, 190

c) Deus crucifica o seu Filho?, 190

d) Deus dolente: como sofre Deus?, 195

4. A cruz como morte de todos os sistemas, 197

VIII. *O sofrimento que nasce da luta contra o sofrimento*, 200

1. *Mysterium et passio liberationis*, 200

2. O que é que faz o sofrimento digno?, 207

3. O mistério da *passio mundi*, 213

IX. *Como pregar hoje a cruz de Nosso Senhor Jesus Cristo?*, 218

X. *Conclusão. A cruz: mistério e mística*, 225

Referências, 228

Livros de Leonardo Boff, 238

ESCLARECIMENTO

Nosso trabalho – *Paixão de Cristo – Paixão do mundo*, os fatos, as interpretações e o significado ontem e hoje – possui, mais do que os outros já publicados sobre o mistério cristológico, um declarado caráter de ensaio. Trata-se de uma exploração sobre o significado da cruz de Nosso Senhor Jesus Cristo para o contexto atual de nossa fé e de nossa situação. A consciência do lugar a partir donde se articula o discurso é muito importante pelas consequências que dele se depreendem. É o lugar do cativeiro e da resistência em que muitos são obrigados a viver, lugar este muito próximo daquele a partir do qual Jesus de Nazaré via sua realidade histórica.

A cruz nos faz atirar uma atenção toda especial sobre a humanidade de Jesus que outra não é senão a humanidade do próprio Deus. Acerca da humanidade de Jesus Cristo pode-se assumir diferentes posturas teológicas. A tradição sedimentou duas, cuja vigência não perdeu nunca atualidade. Ambas se assentam nos evangelhos e no dogma cristológico como foi definido no Concílio de Calcedônia (451). Aí se definiu de forma irreformável e decisiva para a fé posterior a real humanidade e a verdadeira divindade de Jesus Cristo. Nele subsistem, na unidade da mesma pessoa divina do Verbo eterno, duas naturezas distintas, sem confusão, sem mutação, sem divisão e sem separação.

Esta formulação, cheia de tensões, permite duas linhas que se articularam na história da teologia: uma irá acentuar em Jesus-Deus-Homem a divindade, e a outra a humanidade. A transferência dos acentos marca opções de fundo diferentes, constituindo verdadeiras escolas: no Novo Testamento o Evangelho de São João sublinhando a divindade de Jesus, os Sinóticos sua humanidade; no mundo antigo a Escola de Alexandria representando a primeira tendência e a Escola de Antioquia, a segunda. Ambas correm risco de heresia: o monofisitismo que afirma a vigência de uma única natureza em Jesus, a divina (Escola de Alexandria), e o arianismo que sustenta de tal forma a dualidade de naturezas a ponto de romper a unidade de pessoa e predominar a natureza humana em Jesus, ficando a divindade extrínseca e paralela (Escola de Antioquia). No mundo medieval encontramos a escola tomista que preferentemente pensa Jesus a partir de sua divindade e a escola franciscana, a partir da humanidade. Nos tempos modernos se fala de uma cristologia descendente, do Deus que se encarna e de uma ascendente, do homem Jesus que lentamente vai revelando sua divindade.

Por formação espiritual e opção fundamental nos orientamos pela escola franciscana, de tradição sinótica, antioquena e escotista. É na humanidade total e completa de Jesus que encontramos Deus. A reflexão sobre a morte e a cruz nos propicia a oportunidade de pensarmos radicalmente a humanidade de Jesus.

Cristãos, habituados à imagem tradicional de Jesus, fortemente marcada por sua divindade, poderão ter dificuldades com a imagem que aqui desenhamos com os traços de nossa própria humanidade. Apesar disso, faz-se mister abrir-se à verdadeira humanidade de Jesus. Na medida em que aceitamos a nossa própria humanidade, com toda a abissal dramaticidade que pode caracterizar nossa existência, nesta mesma medida abrimos caminho para uma aceitação profunda da humanidade de Jesus. E inversamente não é menos verdadeiro: na medida em que acolhemos Jesus assim como os evangelhos, principalmente os Sinóticos, no-lo pintam em sua vida carregada de conflitos, em sua via dolorosa, na proporção em que tomarmos absolutamente a sério a encarnação como esvaziamento, sim, exinanição de Deus, nesta mesma proporção acolhemos a nós mesmos com toda a nossa fragilidade e miséria, sem vergonha e humilhação.

Nossa opção de fundo implica consequências de ordem exegética e dogmática. Irá influenciar nossa postura diante da forma de conceber a consciência messiânica de Jesus, de sua atitude face à morte, de sua progressiva apropriação da vontade de Deus, entre tateamentos e provações.

Reputamos que esta senda teológica possui riquezas sumamente apreciáveis; coloca-nos imediatamente no seguimento de Jesus de Nazaré porque Ele, primeiro, seguiu até o último passo o nosso próprio caminho humano.

Não queremos ocultar os perigos latentes neste caminhar que, queremos sempre honestamente obviar, mantendo-nos firmemente dentro do marco balizador do dogma cristológico de nossos Pais de Calcedônia. A humanidade da qual falamos neste ensaio deverá sempre ser pensada e compreendida como sendo a humanidade de Deus. Evidentemente isso nos obrigará a questionar a fundo nossa imagem de Deus, objeto de um ensaio já publicado por nós sobre a atualidade da experiência de Deus (1974). Nossa imagem comum de Deus é devedora da experiência religiosa pagã e do Antigo

Testamento. A reflexão sobre a humanidade de Jesus (que é de Deus) nos desvela a face lidimamente cristã de Deus, inconfundível e intercambiável. É claro: é sempre o mesmo Mistério experimentado por pagãos e cristãos. Mas em Jesus Cristo Ele revelou o seu próprio rosto, rosto insuspeitado: aquele do humilde justo sofredor, torturado, ensanguentado, coroado de espinhos e morto após um lancinante grito misterioso lançado ao céu, mas não contra o céu. Um Deus assim é extremamente próximo ao drama humano, mas é também estranho. É de uma estranheza fascinante como aquela dos abismos de nossa própria profundidade. Diante dele nos podemos aterrar como Lutero, mas podemos também ser tocados de infinita ternura como São Francisco que meditava a Paixão com com-pai-xão. Não é pretensão revelar que é à luz de seu espírito que tentaremos articular nossas próprias reflexões.

Nosso ensaio intenciona ajudar aqueles que, doloridos, procuram conferir um sentido à paixão dolente deste mundo. Quem sabe, a meditação da paixão do profeta e justo sofredor Jesus Cristo desperte em nós forças insuspeitadas de resistência e de ressurreição. Tempos dramáticos propiciam visões de redenção; os sofredores descobrem uma secreta identificação com o Mártir que mais sofreu; dela se libertam forças ocultas para dentro do novelo da vida e forcejam irromper sob a carcaça das opressões que se desmascaram frágeis porque filhas da morte.

E a história nos conta que é por aí que triunfa a vida e se gera um sentido mais potente que o império da morte.

* * *

Este livro recolhe substancialmente um curso ministrado na Universidade Católica de Lisboa no segundo semestre de 1976. O texto *O projeto histórico de Jesus* foi publicado em parte em *Teología y Mundo contemporâneo* (Madri, 1975), que é uma homenagem ao mestre Karl Rahner por seus 70 anos e depois recolhida como capítulo IX no meu livro *Teologia do cativeiro e da libertação* (Lisboa, 1976). A parte *As principais interpretações da morte de Cristo na tradição teológica:* sua caducidade e sua atualidade, foi publicada primeiro na revista *Grande Sinal* 28 (1974) 509-527 e depois como capítulo VIII de *Teologia do cativeiro e da libertação*. O sofrimento que nasce da luta contra o sofrimento foi primeiramente publicado na revista internacional *Concilium* n. 9 (1976) 6-17.

Faculdades Franciscanas
Bragança Paulista, SP,
dezembro de 1976.

I. O PROBLEMA
E SUAS FORMULAÇÕES

1. O interesse que orienta nossa pesquisa

Nenhum texto e nenhuma pesquisa, por mais objetivos que queiram ser e assim se apresentem, deixam de ser comandados a partir de um horizonte de interesse. Conhecer é sempre interpretar. A estrutura hermenêutica de todo saber e de toda ciência é assim que o sujeito sempre entra com seus modelos, paradigmas e categorias na composição da experiência do objeto, mediatizada por uma linguagem. O sujeito não é uma razão pura; está inserido na história, num contexto sociopolítico e é movido por interesses pessoais e coletivos. Por isso não existe um saber livre de ideologia e puramente desinteressado.

Os relatos evangélicos, particularmente os concernentes à paixão e morte de Jesus, vêm carregados de interpretação. São orientados por um interesse teológico ineludível. Isso não constitui nenhum desdouro para a mensagem cristã. Como qualquer outro texto histórico, os relatos da paixão situam-se dentro da estrutura hermenêutica geral, e assim também devem ser interpretados.

O que aqui fazemos é conscientizar um procedimento universal, frequentemente não explicitado em textos escritos. Declaramos nosso interesse ao lermos, interpretarmos e meditarmos a morte violenta de Jesus Cristo. Nosso interesse se situa no horizonte da teologia da libertação, da captividade e da resistência. Neste modo de se fazer teologia se trabalha sobre uma tríplice experiência:

– A experiência da opressão política, econômica e cultural de grupos sobre outros. Há agressão ao nível mundial com graves consequências para nações inteiras. Fome, miséria, internacional do crime político, guerras extremamente destrutivas, divisão entre países ricos e países pobres, como injustiça mundial.

– Experiência de movimentos de libertação que tentam sacudir todos os jugos em busca de um novo modo de convivência e na gestação de um homem novo, mais fraterno e mais aberto à comunhão.

– Experiência de resistência dos grupos dominados, mas não vencidos, trabalhando em regime de cativeiro e não deixando que se apague a mecha da esperança.

Estas três experiências dão margem a uma outra não menos profunda: a experiência do fechamento das sociedades opulentas a toda mudança estrutural, sua capacidade de violência repressiva, de extermínio sistemático e impiedoso dos que se lhes opõem. Por outro lado, existe também a violência revolucionária, capaz de pôr tudo abaixo, de erradicar populações e impor pela violência seus novos modelos. Projetos verdadeiramente libertadores, levados avante com humanidade, são sufocados a ferro e fogo. Muitos cristãos, especialmente no Terceiro Mundo, sofreram prisões, torturas, foram sacrificados à sanha de forças repressivas, experimentaram o abandono dos próprios irmãos de fé e morreram entregues às suas próprias feridas.

Tal situação, comum hoje em dia em muitos países, onde reina regime de segurança a todo preço com seu aparato repressivo, constitui um ocular pelo qual se lê e interpreta a paixão e morte de Jesus Cristo. Não são poucos os cristãos que passando por semelhante experiência de paixão e de cruz se sentiram unidos ao Servo Sofredor e identificados com o Homem das Dores, Jesus Cristo.

Nosso interesse, pois, orienta-se em detectar os mecanismos que levaram Jesus à rejeição, à prisão, à tortura e à crucificação vergonhosa, ou como esse desfecho foi consequência de um engajamento e de uma práxis perigosa para o *status* de seu tempo, considerar como Cristo suportou esse conflito, que significado ele lhe atribuiu e que interpretações foram feitas no NT e na história da reflexão da fé. Por fim, queremos detalhar o significado que a paixão e morte de Jesus possui para a nossa fé hoje, vivida e tentada dentro do horizonte de nosso interesse.

Este tipo de impostação do problema parece-nos decisivo porque poucos temas da teologia foram tão manipulados e corrompidos em sua interpretação como este da cruz e da morte de Jesus Cristo. Especialmente as capas opulentas e detentoras do poder utilizaram o símbolo da cruz e o fato da morte redentora de Cristo para justificar a necessidade do sofrimento e da morte no horizonte da vida humana. – Diz-se, piedosa e resignadamente: cada um deve carregar suas cruzes, dia a dia; o importante é fazê-lo com paciência e submissão; mais ainda: pela cruz chegamos à luz e reparamos a infinita majestade de Deus, ofendida pelos pecados pessoais e do mundo.

Este tipo de discurso é extremamente ambíguo e se presta a fácil manipulação. Ele não arranca da morte his-

19

tórica de Jesus que não foi nenhuma fatalidade nem foi vivida na resignação. Ela foi provocada, induzida a partir de fora e executada com violência. Resultou de uma práxis de Jesus que tocou os fundamentos da sociedade e da religião judaica; elas não conseguiram assimilar Jesus e acabaram por extrojetá-lo pela liquidação física. Este foi o preço pago à liberdade que se havia tomado, a consequência do combate sustentado contra o farisaísmo, o privilégio, o legalismo, o endurecimento do coração face a Deus e ao irmão. Ele sofreu e morreu na luta contra as causas objetivas que geravam e ainda geram sofrimento e morte.

O apelo à morte e à cruz pode ocultar a iniquidade das práticas daqueles que precisamente provocam a cruz e a morte dos outros. Este apelo nada mais é do que vulgar ideologia que propicia ao sofrimento e à morte prosseguirem sua obra avassaladora em termos de exploração, relações injustas entre pessoas e classes, privilégios e dominação. A cruz de Cristo não pode ser assim interpretada que abra caminho para semelhante instrumentalização. A glória de Deus não consiste em que o homem sofra, seja espoliado e dia a dia crucificado, mas que viva e seja feliz. O nosso Deus não possui a face dos deuses pagãos que tinham inveja da felicidade dos homens. É um Deus que impulsiona a viver de tal modo que se torne cada vez mais distante a repetição do drama da crucificação de Cristo e de outros homens ao largo da história. A morte de Cristo foi um crime e não a necessidade da vontade de um Deus, ávido de reparação por sua honra ultrajada, preocupado pela estética das relações entre Ele e a humanidade. Como dizia com razão um teólogo mexicano: "Cristo morreu para que se saiba que nem tudo é permitido" (MIRANDA, P. *El ser y el Mesías*. Salamanca, 1973: 9). A morte de Cristo significa a condenação de práticas opressoras e uma denúncia dos mecanismos que destilam o sofrimento e a morte. Não pode nunca servir para a sua consagração e legitimação. A cruz não evoca nenhum dolorismo malsão, mas convoca para a luta contra a dor e as causas produtoras de cruz. Faz-se mister, na piedade e na teologia, recuperar a densidade histórica da cruz de Jesus Cristo contra sua transformação em puro símbolo de resignação e de expiação com as mistificações a que todo símbolo está sujeito.

A esperança cristã não aponta para a cruz, mas para o Crucificado porque Ele agora é o Vivente e o Ressuscitado. E é o Vivente e Ressuscitado porque Deus mostrou que ser crucificado por causa da identificação com os oprimidos e os pobres deste mundo tem um sentido último, tão ligado à vida que não pode ser tragado pela morte. A ressurreição só conserva seu significado cristão e escatológico quando em estreita conexão com a crucificação. A ressurreição é o sentido derradeiro da insurreição pelo direito e pela justiça. Fora disso, a ressurreição corre o risco de ser, como o foi a cruz, mistificada como o símbolo de um mundo totalmente reconciliado no futuro sem passar pela conversão dos mecanismos causadores de iniquidade do presente. Como veremos ao largo de nosso ensaio, a existência cristã somente conserva sua identidade cristã na medida em que vive e se mantém na dialética pascal de crucificação e de ressurreição como exigência do seguimento a Jesus Cristo. Só então salta clara aos nossos olhos a oferta de sentido que se depreende do caminho doloroso de Jesus Cristo: a morte imposta pode ser acolhida como forma de amor oblativo que se doa, ainda uma vez, aos homens e a todos os homens, inclusive aos carrascos. Morte assim não é fatalidade, mas fruto de uma liberdade. Como diz acertadamente H. Küng: "ao homem cabe decidir. Pode recusar este sentido oculto: em obstinação, cinismo, desespero. Pode aceitá-lo: em confiança, crente naquele que conferiu sentido à absurda paixão e morte de Jesus. E assim dispensam-se revolta, protesto, frustração. O desespero termina" (*Ser cristão*. Rio de Janeiro, 1976: 377).

Antes de abordarmos a trajetória de morte de Jesus queremos confrontar o interesse dos relatos evangélicos sobre a paixão com o interesse de nossa leitura teológica.

2. O interesse dos relatos evangélicos sobre a paixão de Jesus

Com referência à paixão e morte de Cristo nos evangelhos, há que considerar o seguinte:

a) Os atuais textos foram escritos, bastante tempo após o evento pascal e sob a luz do fato maior da ressurreição. A ressurreição equivaleu para o NT e também para nós a uma nova dimensão. Ela constitui uma ótica pela qual se totalizou de uma forma diferente a mensagem e a figura de Jesus Cristo. Ela forma o ponto de partida da cristologia. À luz da ressurreição, a comunidade primitiva entrou num processo de interpretação de toda a vida de Cristo. Por ela se levantou toda a ambiguidade que pairava sobre a figura de Jesus. Agora ficou claro que Ele não era um falso profeta. Deus estava com Ele. Aquele Deus que parecia ter abandonado Jesus na Sexta-feira Santa, agora aparecia como o seu Legitimador. Daí é que, quando as comunidades testemunham e escrevem sobre Jesus, nos evangelhos, têm sempre em mente o Ressuscitado. Nos gestos, nas palavras, nas insinuações do Jesus histórico, viam agora revelações do Ressuscitado, interpretado como o Filho do Homem, como o Filho de Deus, o Messias etc. Os evangelhos são livro-testemunho. Têm presente sempre a profissão de fé. Os evangelistas não escreveram nada somente pelo gosto de escrever e de relatar algo aos pósteros. Seu interesse reside em convencer, proclamar, defender, polemizar e testemunhar Jesus como o Cristo e o Salvador dos homens. Por isso nos evangelhos encontramos, numa unidade difícil de separação, história e teologia, relato e profissão de fé, narração e tese dogmática.

À luz da ressurreição se tornou inteligível o escândalo que significou para os discípulos a crucificação. Compreenderam o plano de Deus. A morte é vista como momento de um plano, como passagem para a ressurreição; ela é totalmente subsumida na perspectiva do fim bom do profeta, agora ressuscitado. Constituiu um trabalho teológico imenso da Igreja primitiva, a conciliação do Deus que abandonou Jesus na cruz com o Deus que o ressuscitou dentre os mortos. A tarefa desembocava sempre no mesmo afã: superar o fosso que separava um dado do outro, mostrar a unidade do mesmo Deus que agiu lá e aqui e a unidade do mesmo sujeito, Jesus Cristo que morreu e foi ressuscitado. A teologia forneceu, como veremos mais pormenorizadamente, categorias para operar esta passagem.

b) Ao lado desta perspectiva geral, à luz da ressurreição, existe ainda o momento apologético, interno. Primeiramente cabia tornar inteligível aos próprios judeus convertidos o fenômeno Jesus Cristo, fortalecer sua fé. Daí a importância das citações do AT para mostrar a unidade do plano de Deus e o cumprimento das profecias. Para os relatos, quem sofre, é torturado e morre não é simplesmente o judeu Jesus de Nazaré. É o Messias, o Filho do Homem, o Filho de Deus. Tudo isso é apresentado nos relatos, sem polêmica explícita, mas que supõe um trabalho teológico subjacente de teor polêmico. Conhecemos dos Atos dos Apóstolos as primeiras polêmicas sobre o assunto. Santo Estêvão violentamente incrimina os judeus não convertidos: "Cervizes duras e corações incircuncisos... fostes os traidores e homicidas do Justo" (At 7,51-52). Pedro se refere em tom polêmico acerca da crucificação: "Este homem... vós o fizestes morrer, crucificando-o pela mão dos infiéis; "vós o entregastes e negastes diante de Pilatos... (3,13)... Jesus Cristo Nazareno que vós crucificastes... (4,10)... vós o matastes, suspendendo-o na cruz..." (5,30). Estes textos nos revelam a polêmica latente na Igreja primitiva. Ela não aparece nos relatos da Paixão, mas somente seu resultado que é a afirmação explícita da messianidade daquele que está sendo apresentado como o rejeitado e condenado, mas que agora é o vivente.

c) Qual é o gênero literário próprio dos relatos da paixão? Esta questão é importante porque o gênero literário seleciona os fatos, sublinha aspectos e encobre dimensões que podem ser ricas para uma compreensão diferente do fato. Na literatura exegética há uma discussão enorme sobre o assunto. Não é gênero de martírio (*Acta Martyrum*), embora estejam presentes elementos. Não é também parenético e edificante, pois está totalmente ausente; não é tampouco anamnese (memória) da paixão. Possui elementos, mas não chega a caracterizar o relato.

O gênero é *relato* da paixão. *Relata-se,* não no sentido moderno dentro dos critérios da historiografia, mas está presente o interesse em relatar. Relatar o quê? Relatar o sofrimento e a paixão de Jesus que era o Messias. Aqui reside o interesse dogmático. Jesus é o Messias. E o Messias é sofredor. Semelhante afirmação constituía para ouvintes judeus um verdadeiro escândalo: o Messias sofre e morre. Exatamente tal afirmação é feita maciçamente pelos evangelhos. A cruz é apresentada como o símbolo identificador do verdadeiro Messias. Isso destruía as representações do judaísmo acerca do Messias. Os relatos colocam toda a culpa nos judeus que condenaram a Jesus por nenhum outro motivo senão por este fundamental de Ele ter sido o Messias e de ter sido rejeitado. Da polêmica entre judeus e cristãos os evangelhos recolhem a conclusão, agora proferida sem tom polêmico: os judeus mataram o Cristo, liquidaram o Messias. Os relatos visam fortificar a fé dos convertidos e expressar a autocompreensão da primitiva comunidade. Os evangelhos apresentam ainda uma ponte que visa facilitar a aceitação da tese: O Messias sofre porque Ele é justo e sofredor. Sobre o tema do Justo sofredor a tradição judaica – como veremos – havia refletido muito. Cristo é interpretado como o Justo sofredor e Messias.

d) O *Sitz im Leben* (contexto vital) do relato é cúltico-litúrgico. Em suas reuniões os cristãos lembravam e meditavam os grandes momentos da Vida, Morte e Ressurreição do Senhor. Assim, num contexto de oração, nos Atos se faz uma referência explícita à paixão (4,24-31); após a libertação dos apóstolos, os cristãos elevam suas vozes a Deus recitando o salmo dois que o aplicam à paixão, acrescentando: "porque Herodes e Pilatos com os gentios e povos de Israel coligaram-se na verdade, nesta cidade, contra o teu santo Servo Jesus que ungiste" (v. 27).

Na celebração litúrgica se proclama e se festeja principalmente a ação salvífica de Deus. Os homens entram como atores de um teatro comandado do Alto. Não se discutem os culpados, não se fazem maiores apologias, não se elaboram os motivos por que alguém está sendo condenado. Tudo já vem iluminado por uma luz transcendente que discerne em todo o drama um sentido que escapa aos próprios atores da tragédia. O discurso litúrgico e cúltico impõe uma certa ordem, possui sua gramática e se concentra numa linha: professar a fé e celebrar a presença do Salvador, do Justo sofredor agora, na verdade, Ressuscitado, Vivente.

3. O interesse da nossa leitura da paixão de Jesus

O relato do NT acerca da paixão do Senhor está, como se viu, profundamente marcado de interpretações teológicas que eram muito atuais para os seus ouvintes e leitores. Precisavam justificar a figura nova de Messias, como sofredor e crucificado, que apresentavam e pregavam. Tinham que provar a continuidade da obra salvífica do AT com o NT. Em outras palavras: precisavam mostrar a unicidade e unidade do plano de Deus que se realizava apesar de rupturas profundas como aquela do fracasso do projeto histórico do Messias. Ora, todos estes problemas não são exatamente os nossos. Para nós é pacífico na fé que Jesus é o Cristo e que o Crucificado é o mesmo ser histórico que o Ressuscitado. O Crucificado é o Vivente.

O contexto em que lemos e teologicamente meditamos as Escrituras não é somente o litúrgico e o cúltico. Descobrimos um sentido novo da paixão e morte do Senhor a partir do engajamento político, dentro de uma práxis libertadora. O nosso *Sitz im Leben* (contexto vital) é pois diferente. Essa diferença há que se tomar muito em conta, porque ela permite outra leitura e contempla a realidade com outros olhos. Entretanto, as fontes são as mesmas, os evangelhos, escritos dentro de outro interesse e no registro de outro contexto vital. Se os evangelistas tivessem um interesse político libertador, certamente teriam escrito bem diferentemente os evangelhos e sublinhado outros aspectos da paixão de Cristo.

Os evangelistas não fazem uma leitura profana do drama da paixão. Tudo é lido religiosamente, vale dizer, tudo guarda uma referência explícita a Deus. Deus entra diretamente na história. Daí os motivos históricos que levaram Cristo à morte serem pelos evangelhos demasiadamente ocultados. A recusa dos judeus e suas tramoias são vistas como endurecimento do coração, como recusa de ouvir a voz de Deus que fala por Jesus. A dimensão política, dos interesses do *status quo*, da preocupação pela segurança nacional da Palestina, não aparecem assim tematizados. Tudo é recolhido numa visão transcendente e religiosa.

Nosso interesse, nascido da experiência de opressão, da resistência e de libertação, orienta-se na detectação dos motivos do fracasso do projeto libertador de Jesus, das razões de ordem religioso-política que conduziram ao processo e à sua liquidação. Isso não milita contra o sentido religioso e transcendente da paixão e morte do Senhor, mas busca as mediações históricas e políticas, enfim, o suporte para tal significado. Não devemos esquecer que Jesus não morreu na cama. Foi condenado e violentamente eliminado. Aí entraram responsabilidades humanas. Não foi um teatro que teve apenas Deus como ator e agente. Aí houve intriga, geração de conflitos, agentes que armaram a traição, a prisão, a tortura, lavraram a sentença e elevaram na cruz. Sobre esta infraestrutura se operou a interpretação teológica e se deu a revelação de Deus. Mas não podemos nos contentar apenas com as interpretações e com os fatos recolhidos somente dentro desta interpretação. Provavelmente todos os fatos, em sua dimensão política e em sua densidade conflitual, estavam presentes aos judeu-cristãos da primitiva Igreja. Mas conduzidos por interesse religioso e apologético somente recolheram aqueles que cabiam dentro dos quadros de sua interpretação religiosa.

Semelhante constatação tem como consequência que uma leitura, situada fora do interesse direto dos relatos do NT, deverá proceder a um trabalho crítico prévio. Deverá manter-se permanentemente vigilante acerca do alcance da interpretação do NT e da realidade histórica dos fatos narrados; dever-se-á honestamente perguntar: Até que ponto são projeções da interpretação teológica prévia? Até que ponto constituem fatos a serem interpretados e realmente acontecidos? E nós também nos devemos continuamente perguntar: Até que ponto nosso interesse não obriga os textos a dizerem mais do que dizem? Até que ponto projetamos mais do que colhemos? Nos relatos do NT fato e interpretação formam uma unidade homogênea. É o que possuímos como texto literário. Em função do nosso interesse, diferente daquele do NT, devemos tentar cindir o fato de sua interpretação pela Igreja primitiva, recolhida pelos evangelistas. Somente assim se abre a possibilidade para a nossa leitura que quer ser também teológica. Situamo-nos assim, sem pretensões maiores, na mesma situação que os evangelistas. Como eles, procedemos também nós a uma interpretação teológica da paixão do Senhor. A atitude de fé é a mesma. Apenas o *Sitz im Leben* (contexto vital) é diferente.

II. A MORTE VIOLENTA DE JESUS NA CRUZ COMO CONSEQUÊNCIA DE UMA PRÁXIS E DE UMA MENSAGEM

Em seu aspecto *ontológico,* a morte humana pertence à vida. Ela não é apenas o último momento da vida. A morte constitui uma estrutura da própria vida, porque a vida humana é estruturalmente mortal. Desde que começamos a viver, começamos também a morrer. E vamos morrendo, lentamente, na medida em que vivemos, até acabar de morrer. Daí somente podermos falar adequadamente da morte, se falarmos da própria vida mortal. Neste sentido ontológico se evidencia o fato de que não podemos circunscrever a morte como sendo o último momento da vida mortal, senão como sendo um processo de acabamento que se foi urdindo dentro da vida até chegar a sua perfeição no último momento da vida. O sentido que se dá à vida é o sentido que se dá à morte; e o sentido que se dá à morte é o sentido que se dá à vida.

Em seu aspecto *histórico* ao nos referirmos à morte de Jesus, o acabamento não se processou em seu desenrolar natural, com o acabar da energia vital; o acabamento foi violentamente introduzido por forças históricas. A morte foi causada por uma vontade que se interpôs aos mecanismos naturais. E esta vontade, causadora de morte, apresentou-se como uma reação violenta a uma ação de Jesus. O importante reside, pois, não tanto na reação, mas na ação de Jesus que provocou uma ação contrária, ação de liquidação física do personagem agente. Em outras palavras: a morte de Jesus somente pode ser entendida a partir de sua práxis histórica, de sua mensagem, das exigências que fez e dos conflitos que suscitou.

Neste sentido consideraremos:

1) O projeto histórico de Jesus

    a) A infraestrutura de seu tempo: os desafios
    b) O projeto histórico (mensagem): a resposta
    c) A nova práxis de Jesus, libertadora da vida oprimida
    d) Fundamento do projeto histórico e da práxis libertadora: a experiência de Deus-Pai.

2) A morte violenta de Jesus

    a) Passos de um caminho
    b) O processo e condenação de Jesus
    c) Crucificação de Jesus.

1. O projeto histórico de Jesus

Antes de abordarmos o projeto histórico de Jesus devemos recuperar a densidade histórica deste judeu Jesus de Nazaré. Estamos familiarizados com um Jesus Cristo, Filho eterno de Deus, Senhor do universo, Salvador do mundo, primogênito de toda a criação e primeiro ressuscitado entre muitos irmãos. Estes títulos de magnificação ocultam as origens humildes, a trajetória histórica do verdadeiro Jesus que andou entre o povo, perambulando pelos vilarejos da Galileia e que morreu miseravelmente fora da cidade de Jerusalém.

O homem de fé, leitor comum dos evangelhos, tende a considerar Jesus Deus e Salvador como uma realidade primeira, evidente em si mesma, dada e conhecida pelos apóstolos desde o começo. A ação de Jesus apresenta-se cristalina e absolutamente coerente porque Ele de antemão já sabia e previa tudo. Não era Ele o Filho eterno de Deus? Sua palavra fluía pronta e candente de sua boca, pois era a Palavra eterna que se comunicava. Tudo parece fácil: a palavra e a ação de Jesus. Ele não tinha nada por que optar e decidir. Tudo estava decidido nos planos eternos do Pai. Jesus foi um executor fiel. Esta visão de Jesus é dogmática, não histórica. É a perspectiva dos pósteros, não dos primeiros; dos discípulos dos apóstolos, não dos apóstolos.

Os apóstolos conheceram o Jesus de Nazaré, profeta ao qual associaram suas vidas e seus destinos. Lentamente e só mesmo a partir da ressurreição lhes ficou claro quem era mesmo Jesus e que mistério se ocultava sob a fragilidade deste profeta do povo. Para chegar a dizer que Ele era o Cristo-Messias, o Salvador do mundo, o Filho de Deus e o primogênito de toda a criação tiveram que percorrer um longo e oneroso caminho de oração e de reflexão.

O Jesus de sua experiência diuturna não é um Jesus, arquiteto do Reino de Deus que sabe *a priori* de todo o plano e qual engenheiro que tem todo o quadro presente em seus mínimos detalhes e o executa à risca. Seu Jesus é um Jesus que busca, que reza, que é confrontado com várias opções, é tentado e posto à prova, que se sente urgido a tomar opções, que se retira ao deserto para descobrir qual é a vontade de Deus, que progressivamente elabora seu projeto global e passa depois às opções concretas. Tudo isso não é sem perigos, tateamentos, preparações, crescimento e explicitação progressiva. Não é sem razão que São Lucas diz: "Jesus crescia em tamanho e em graça diante de Deus e diante dos homens" (Lc 2,52; cf. 2,40). Não diz apenas *diante dos homens,* como se fosse revelando, aos poucos, aos homens, aquilo que Ele sempre sabia porque estava em Deus, mas diz igualmente *diante de Deus.* Ele ia conhecendo aos poucos e progressivamente o desígnio de Deus e o assumia totalmente.

Jesus era um verdadeiro *homo viator* como qualquer um de nós, menos naquilo que nos inimiza de Deus, o pecado. Participou da condição de todo o judeu daquele tempo, especialmente dos galileus, mal-afamados porque viviam misturados com pagãos.

Cremos no mistério da encarnação de Deus em Jesus de Nazaré. Mas esta encarnação não deve ser esvaziada; nem se fez às custas da verdadeira humanidade de Jesus. Não apesar dela, mas precisamente nela Deus se revelou. O projeto divino em Jesus não destrói, antes exalta o projeto humano de Jesus. Ambos se interpenetram em estreita união mas sem confusão e sem absorção de um no outro. A encarnação não é algo meramente passivo, mas profundamente ativo; Deus vai assumindo a vida de Jesus, desde a sua concepção, na medida em que esta vida ia se desenvolvendo e assumindo suas opções decisivas. Jesus por sua vez era levado a se abrir e se abria mais e mais a Deus. Dentro deste marco de compreensão iremos contextuar o projeto histórico de Jesus. Projeto significa a opção fundamental, a decisão de fundo que marca a orientação da vida, das ideias (teoria) e das práticas, a visão global orientada para o futuro. Todo projeto, como o sentido filológico insinua, possui uma dimensão essencialmente de futuro (lançado: jeto; para frente: pro). Como Jesus se representava o futuro do mundo? Como agiu para concretizá-lo? Quais foram as reações dos vários estratos sociais atingidos pela sua pregação e atividade? Como assimilou Jesus o conflito provocado com os detentores do poder e os produtores de ideologia?

a) A infraestrutura de seu tempo: os desafios

A situação sociopolítica do tempo de Jesus apresenta paralelos surpreendentes com a situação da qual saiu a nossa teologia da libertação na América Latina. Convém ressaltar alguns elementos:

a.1) Regime geral de dependência

Há séculos a Palestina vivia numa situação de opressão. Desde 587 a.c. vivia dependente dos grandes impérios circunvizinhos: Babilônia (até 538), Pérsia (até 331), Macedônia de Alexandre (até 323) e de seus sucessores (dos Ptolomeus do Egito até 197 e dos Selêucidas da Síria até 166). Por fim cai sob a influência do imperialismo romano (a partir de 64 a.C.). É um pequeno cantão da província romana da Síria, governada, por ocasião do nascimento de Jesus, por um rei pagão, Herodes, sustentado pelo centro, Roma. Essa dependência a partir de um centro situado no exterior era internada pela presença das forças de ocupação e por toda uma classe de cobradores de impostos imperiais. Em Roma se vendia esta função (a classe dos cavaleiros a detinha) a um grupo de judeus que por sua vez, na pátria, a sublocavam a outros e mantinham uma rede de funcionários ambulantes. As extorsões e a cobrança para além das taxas fixadas eram coisa comum. Havia ainda o partido dos saduceus que faziam o jogo dos romanos para manter seus altos capitais, especialmente em volta do templo, e os grandes imóveis em Jerusalém.

A dependência política implicava dependência cultural. Herodes, educado em Roma, fez obras faraônicas, palácios, piscinas, teatros e fortalezas. A presença da cultura romana pagã tornava a opressão mais odiosa e aviltante dada a índole religiosa dos judeus.

a.2) A opressão socioeconômica

A economia assentava sobre a agricultura e sobre a atividade pesqueira. A sociedade na Galileia, cenário da atividade principal de Jesus, era constituída por pequenos agricultores ou por sociedades de pescadores. Trabalho havia, geralmente, para todos. O bem-estar não era grande. Desconhecia-se o sistema de poupança de sorte que uma carestia ou doença maior provocavam êxodos rurais em demanda de trabalho nas pequenas vilas. Os diaristas se apinhavam nas praças (Mt 20,1-15) ou se punham a serviço de um grande proprietário até saldarem as dívidas. A lei mosaica, que dava ao primogênito o dobro dos demais, acarretava indiretamente o crescimento de assalariados, que, não encontrando emprego, tornavam-se verdadeiros proletários, mendigos, vagabundos e ladrões. Havia ainda os ricos possuidores de terras, que espoliavam os camponeses na base de hipotecas e expropriações por dívidas não pagas. O sistema tributário era pesado e detalhado: havia impostos para quase todas as coisas: sobre cada membro da família, terra, gado, plantas frutíferas, água, carne, sal e sobre todos os caminhos. Herodes com suas construções monumentais empobreceu o povo e mesmo os grandes latifundiários. A profissão da família de Jesus era a de Teknon, que tanto podia significar carpinteiro quanto cobridor de telhados. O Teknon podia eventualmente trabalhar como pedreiro na construção de casas. São José, provavelmente, trabalhou na reconstrução da cidade de Séforis, atrás dos montes de Nazaré, totalmente destruída pelos romanos, quando foi retomada aos guerrilheiros zelotas no ano 7 a.C.

A presença de forças estrangeiras e pagãs constituía para o povo judeu uma verdadeira tentação religiosa. Deus era considerado e venerado como o único Senhor da terra e do povo. Fizera promessas de posse perpétua a Israel. A opressão exasperava a fantasia religiosa de muitos. Quase todos aguardavam o fim iminente com uma intervenção espetacular de Deus. Vivia-se numa efervescência apocalíptica, participada também, em parte, por Jesus, como no-lo atestam os evangelhos (Mc 13 par). Vários movimentos de libertação, particularmente o dos zelotas, tentavam preparar ou até provocar com uso da violência e das guerrilhas a irrupção salvífica de Deus, que implicava a liquidação de todos os inimigos e a sujeição de todos os povos ao senhorio absoluto de Javé.

a.3) Opressão religiosa

A verdadeira opressão, entretanto, não residia na presença do poder estrangeiro e pagão, mas na interpretação legalista da religião e da vontade de Deus. O cultivo da Lei se tornara, no judaísmo pós-exílico, a essência do judaísmo. A Lei que devia auxiliar o homem na busca de seu caminho para Deus degenerara com as interpretações sofisticadas e as tradições absurdas numa terrível escravidão, imposta em nome de Deus (Mt 23,4; Lc 11,46). Jesus mesmo desabafa: "Fico bobo de ver como vocês conseguem esvaziar o mandamento de Deus, para estabelecer a sua tradição"! (Mc 7,9). A observância escrupulosa da lei, no afã de assegurar a salvação, fizera o povo se esquecer de Deus, autor da Lei e da salvação. Especialmente a seita dos fariseus observava tudo ao pé da letra e terrorizava o povo com a mesma escrupulosidade. Diziam: "Maldito o zé-povinho que não conhece a lei" (Jo 7,49). Embora perfeitíssimos legalmente possuíam uma maldade fundamental, desmascarada por Jesus: "não se preocupam com a justiça, com a misericórdia e a boa-fé" (Mt 23,23). A Lei, ao invés de auxílio de libertação, transformara-se numa prisão dourada; em vez de ajudar o homem a encontrar o outro homem e a Deus, o fechara para ambos, discriminando a quem Deus ama e a quem não, quem é puro e quem não o é, quem é próximo que devo amar e quem é inimigo a quem posso odiar. O fariseu possuía um conceito fúnebre de Deus que já não falava aos homens, mas que lhe deixara uma Lei para se orientar.

b) *O projeto histórico de Jesus: a resposta*

b.1) *Presença de um sentido absoluto que contesta o presente*

A reação de Jesus face a esta situação é, de certa forma, surpreendente. Jesus não se apresenta como um revolucionário empenhado em modificar as relações de força imperantes como um Bar Kochba; nem surge como um pregador interessado apenas na conversão das consciências como um São João Batista. Ele anuncia um sentido último, estrutural e global que alcança para além de todo o factível e determinável pelo homem. Anuncia um fim último que contesta os interesses imediatos sociais, políticos ou religiosos. Sempre guardou esta perspectiva universal e cósmica em tudo o que dizia e fazia. Ele não satisfaz imediatamente as expectativas concretas e limitadas dos ouvintes. Ele os convoca para uma dimensão absolutamente transcendente que supera este mundo em sua faticidade histórica como o lugar do jogo dos poderes, dos interesses, da luta pela sobrevivência dos mais fortes. Ele não anuncia um sentido particular, político, econômico, religioso, mas um sentido absoluto que tudo abarca e tudo supera. A palavra-chave veiculadora deste sentido radical, contestador do presente, é Reino de Deus. Esta expressão se enraíza no fundo mais utópico do homem. É lá que

Cristo atinge e acorda os dinamismos de absoluta esperança adormecidos ou recalcados pelas estruturações históricas, esperança de total libertação de todos os elementos que alienam o homem de sua verdadeira identidade. Por isso sua primeira palavra de anúncio articula esse utópico agora prometido como ridente realidade: "O prazo da espera expirou. O Reino de Deus foi aproximado. Mudem de vida! Creiam nessa alvissareira notícia" (Mc 1,15).

A criação toda será libertada em todas as suas dimensões, não apenas o mundozinho estreito dos judeus. Isso não constitui apenas anúncio profético e utópico; profetas judeus e pagãos de todos os tempos proclamaram o advento de um novo mundo como total reconciliação. Nesse nível Jesus não possui originalidade. O novo em Jesus é já antecipar o futuro e em reverter o utópico em tópico. Ele não diz simplesmente: "O Reino virá", mas "o Reino foi aproximado" (Mc 1,15; Mt 3,17) e "já está em vosso meio" (Lc 17,21). Com sua presença o Reino já se faz presença: "Se eu expulso demônios pelo dedo de Deus, sem dúvida o Reino de Deus chegou a vós" (Lc 11,20). Com ele emergiu o mais forte que vence o forte (Mc 3,27).

b.2) A tentação de Jesus: regionalizar o Reino

Reino de Deus significa a totalidade de sentido do mundo em Deus. A tentação reside em regionalizá-lo e em privatizá-lo a uma grandeza intra-humana. Libertação só é verdadeira libertação se possuir um caráter universal e globalizante e traduzir o sentido absoluto buscado pelo homem. Daí é que regionalização do Reino-libertação em termos de uma ideologia do bem-estar comum ou de uma religião significa perverter o sentido originário de Reino intencionado por Jesus. Os evangelhos referem que Jesus foi confrontado com semelhante tentação (Mt 4,1-11; Lc 4,1-13) e que esta o acompanhou durante toda a sua vida (Lc 22,28). A tentação consistia exatamente em reverter a ideia universal do Reino numa província deste mundo, o Reino concretizado na forma de dominação política (a tentação na montanha de onde podia vislumbrar todos os reinos do mundo), na forma do poder religioso (a tentação no pináculo do templo) e na forma do império do miraculoso social e político que satisfaz as necessidades fundamentais do homem como a fome (a tentação no deserto de transformar pedras em pão). Estas três tentações do poder correspondiam precisamente aos três modelos de Reino e de Messias em voga nas expectativas do tempo (rei, profeta e sacerdote). Todas elas têm a ver com o poder. Cristo é tentado, durante toda a sua atividade, a usar do poder divino de que dispunha de forma a impor, pelo poder e com um toque de mágica, a transformação radical deste mundo. Isso entretanto significaria manipulação da vontade do homem e dispensa das responsabilidades humanas. O homem seria mero espectador e beneficiário, mas não participante. Ele não faria história. Seria libertado paternalisticamente; a libertação não seria o dom de uma conquista. Jesus se recusa terminantemente a instaurar um Reino de poder. Ele é Servo de toda a humana criatura, não o seu Dominador. Encarna, por isso, o Amor e não o Poder de Deus no mundo; melhor, visibiliza o poder próprio do Amor de Deus que é instaurar uma ordem que não viola a liberdade humana nem exime o homem de ter que assumir as rédeas de seu próprio projeto. Por isso é que a forma com a qual o Reino começa a se inaugurar na história é pela conversão. Por ela o homem, ao mesmo tempo que acolhe a novidade da esperança para este mundo, colabora para sua construção nas mediações políticas, sociais, religiosas e pessoais.

Em todas as suas atitudes, seja nas disputas morais com os fariseus seja na tentação de poder encarnada pelos próprios apóstolos (Lc 9,46-48; Mt 20,20-28), Jesus sempre se recusa a ditar normas particularizantes e a estabelecer soluções ou alimentar esperanças que regionalizassem o Reino. Com isso se distancia criticamente daquela estrutura que constitui o pilar sustentador de nosso mundo: o poder como dominação. A recusa de Jesus ao recurso do poder fez com que as massas dele se afastassem decepcionadas: somente vendo seu poder creriam: "que desça agora da cruz e nós creremos nele" (Mt 27,42). O poder como categoria religiosa e libertadora é totalmente desdivinizado por Jesus. Poder como dominação é essencialmente diabólico e contrário ao mistério de Deus (Mt 4,1-11; Lc 4,1-13).

A insistência em preservar o caráter de universalidade e totalidade do Reino não levou, entretanto, Jesus a não fazer nada ou esperar o estouro fulgurante da nova ordem. Esse fim absoluto é mediatizado em gestos concretos, é antecipado por comportamentos surpreendentes e viabilizado em atitudes que significam já a presença do fim no meio da vida. A libertação de Jesus Cristo assume assim um duplo aspecto: por um lado anuncia uma libertação total de toda a história e não apenas de segmentos dela; por outro antecipa a totalidade num processo libertador que se concretiza em libertações parciais sempre abertas para a totalidade. Por um lado proclama a esperança total ao nível do utópico futuro, por outro viabiliza-a no presente. Se pregasse a utopia de um fim bom para o homem sem sua antecipação dentro da história, alimentaria fantasias e suscitaria fantasmagorias inócuas sem qualquer credibilidade; se introduzisse libertações parciais sem qualquer perspectiva de totalidade e de futuro frustraria as esperanças acordadas e decairia num imediatismo sem consistência. Em sua atuação, Jesus mantém esta difícil tensão dialética: por um lado o Reino já está em nosso meio, já está fermentando a velha ordem, por outro é ainda futuro e objeto de esperança e de construção conjunta de homem e de Deus.

c) A nova práxis de Jesus, libertadora da vida oprimida

Reino de Deus que significa a libertação escatológica do mundo se instaura já dentro da história, adquirindo forma concreta nas modificações da vida. Ressaltaremos alguns destes passos concretos pelos quais se antecipou o novo mundo e que significam o processo redentor e libertador de Jesus Cristo.

c.1) Relativização da autossuficiencia humana

No mundo encontrado por Jesus havia absolutizações que escravizavam o homem: absolutização da religião, da tradição e da Lei. A religião não era mais a forma como o homem exprimia sua abertura para Deus, mas se substantivara num mundo em si de ritos e sacrifícios. Liga-se à tradição profética (Mc 7,6-8) e diz que mais importante que o culto é o amor, a justiça e a misericórdia. Os critérios de salvação não passam pelo âmbito do culto, mas pelo do amor ao próximo. Mais importante que o sábado e a tradição é o homem (Mc 2,23-26). O homem vale mais do que todas as coisas (Mt 6,26), é mais decisivo do que o serviço do culto (Lc 10,30-37) ou o sacrifício (Mt 5,23-24; Mc 12,33); vem antes do ser piedoso e observante das sagradas prescrições da Lei e da Tradição (Mt 23,23). Sempre que

Jesus fala do amor a Deus, fala simultaneamente no amor ao próximo (Mc 12,31-33; Mt 22,36-39 par). É no amor ao próximo e não a Deus tomado como um em si que se decide a salvação (Mt 25,31-46). Quando alguém pergunta a Ele o que se deve fazer para alcançar a salvação, responde citando os mandamentos da segunda tábua, todos referentes ao próximo (Mc 10,17-22). Com isso deixa claro que de Deus não podemos falar abstratamente e prescindindo de seus filhos e do amor aos homens. Há uma unidade entre o amor ao próximo e a Deus, traduzida excelentemente por São João: "Se alguém disser: Amo a Deus, mas odeia seu irmão, mente. Pois quem não ama seu irmão a quem vê, não é possível que ame a Deus a quem não vê" (1Jo 4,19-20). Com isso Jesus desabsolutiza as formas cúlticas, legais e religiosas que acaparam para si os caminhos da salvação. A salvação passa pelo próximo; aí tudo se decide; a religião está aí não para substituir o próximo, mas para permanentemente orientar o homem ao verdadeiro amor ao outro, no qual se esconde, incógnito, Deus mesmo (Mc 6,20-21; Mt 25,40). A relativização de Jesus atingiu o poder sagrado dos Césares a quem negou o caráter divino (Mt 22,21) e a condição de pretendida última instância: "nenhum poder terias sobre mim, se não te fora dado do alto", retruca a Pilatos (Jo 19,11).

c.2) Criação de nova solidariedade

A redenção não se encarna apenas numa relativização das leis e das formas cultuais, mas num novo tipo de solidariedade entre os homens. O mundo social do tempo de Jesus era extremamente estruturado: há discriminações sociais entre puros e impuros, entre próximos e não próximos, entre judeus e pagãos, entre homens e mulheres, entre teólogos observantes das leis e o povo simples terrorizado em sua consciência oprimida por não poder viver segundo as interpretações legais dos doutores; fariseus que se distanciam orgulhosamente dos lábeis, doentes marginalizados e difamados como pecadores. Jesus se solidariza com todos estes oprimidos. Toma sempre o partido dos fracos e dos que são criticados segundo os cânones estabelecidos: a prostituta, o herege samaritano, o publicano, o centurião romano, o cego de nascença, o paralítico, a mulher corcunda, a mulher pagã siro-fenícia, os apóstolos quando criticados por que não jejuam como os discípulos de João.

A atitude de Jesus é de acolher a todos e fazê-los experimentar que não estão fora da salvação, mas que Deus ama a todos, até os ingratos e maus (Lc 6,35), porque "não são os sãos, mas os doentes que precisam de médico" (Mc 2,17) e a sua "tarefa consiste em buscar o que estava perdido e salvá-lo" (Lc 19,10). Jesus não teme as consequências desta solidariedade: é difamado, injuriado, considerado amigo de homens de más companhias, acusado de subversivo, herege, possesso, louco etc. Mas é através de tal amor e nestas mediações que se sente o que significa Reino de Deus e libertação dos esquemas opressores que discriminam os homens. Próximo não é o homem da mesma fé, nem da mesma raça, nem da mesma família: é cada homem, desde que eu me aproximo dele, pouco importa sua ideologia ou sua confissão religiosa (cf. Lc 10,30-37).

c.3) Respeito pela liberdade do outro

Lendo-se os evangelhos e o modo como Jesus pregava nota-se de imediato que sua fala nunca se situa numa instância transcendente e autoritária; seu linguajar é simples, cheio de parábolas e exemplos tomados da crônica da época. Imiscui-se na massa: sabe ouvir e perguntar. Ele dá chance para cada qual proferir sua palavra essencial. Pergunta ao interrogante o que diz a Lei, interroga os discípulos sobre o que dizem os homens sobre Ele, pergunta ao homem junto da estrada o que quer que lhe seja feito. Deixa a samaritana falar. Ouve as perguntas dos fariseus. Não ensina sistematicamente como um mestre-escola. Responde perguntas e faz perguntas dando chance a que o homem se autodefina e tenha a liberdade de uma tomada de posição sobre assuntos decisivos para seu destino. Quando o questionam sobre o imposto ou poder político de César, não faz uma exposição teórica. Pede que lhe tragam uma moeda. Pergunta: Que moeda é essa? Sempre deixa a palavra para o outro. Somente o jovem rico não proferiu sua palavra. Talvez é por causa disso que não lhe conhecemos o nome. Porque não se definiu.

Não se deixa servir; Ele mesmo serve à mesa (Lc 22,27). Isso não é nenhuma mistificação da humildade da qual, na história eclesiástica, papas e bispos se fizeram mestres. Chamaram-se de servos quando, muitas vezes, era a forma refinada pela qual encobriam um poder antievangélico e opressor sobre as consciências. A insistência de Jesus sobre o poder como serviço e sobre o último que é o primeiro (Mc 10,42-44; 9,35; Mt 28,8-12) quer checar o relacionamento de senhor-escravo ou a estrutura de poder em termos de pura submissão cega e de privilégios. Não a hierarquia (sacro poder), mas a hierodulia (sacro serviço) é pregada por Jesus. Não um poder que se basta autocraticamente a si mesmo, mas um serviço ao bem de todos como função para a comunidade, é o que Jesus quer. Uma instância, mesmo eclesiástica, que se autoafirma independentemente da comunidade dos fiéis não é uma instância que pode reclamar para si a autoridade de Jesus. Jesus mesmo exercita semelhante atitude: sua argumentação nunca é fanática exigindo submissão passiva ao que diz; tenta sempre persuadir, argumentar e fazer apelo ao bom-senso e à razão. O que afirma não é autoritativo, mas persuasivo. Sempre deixa a liberdade do outro. Seus discípulos não são educados ao fanatismo de sua doutrina, mas ao respeito até dos inimigos e daqueles que se lhes opõem. Nunca usa da violência para fazer vingar seus ideais. Apela e fala às consciências.

Em seu grupo mais íntimo (doze) há tanto um colaborador das forças de ocupação, um exator de impostos (Mc 2,15-17), quanto um guerrilheiro nacionalista zelota (Mc 3,18-19); eles coexistem e formam comunidade com Jesus apesar das tensões que se notam entre os entusiastas e os céticos do grupo.

c.4) Capacidade inexaurível de suportar os conflitos

Estamos mostrando como em concreto Cristo redime e liberta dentro de uma caminhada histórica. Ele se dirige a todos não discriminando ninguém: "se alguém vem a mim, eu não o mandarei embora" resume paradigmaticamente São João sua atitude fundamental. Primeiramente dirige sua evangelização aos pobres. Pobres para Jesus não são apenas os economicamente necessitados. Como observa J. Jeremias: "Os pobres são os oprimidos em sentido amplíssimo: os que sofrem opressão e não se podem defender, os desesperançados, os que não têm salvação... todos os que padecem necessidades, os famintos, os sedentos, os desnudos, os forasteiros, os enfermos, os encarcerados, os sobrecarregados pelo peso, os últimos, os simples, os perdidos e os pecadores" (138). A todos estes tenta auxiliar e defender em seu direito.

Isso ocorre particularmente com os doentes, leprosos e possessos, considerados pecadores públicos e por isso difamados. Toma a defesa de seu direito e mostra que a doença não precisa provir de pecado pessoal ou de seus antepassados, nem ela os torna impuros. Circula com frequência pelas rodas de seus opositores, fixados num conservadorismo legalista e interessados em posições de honra como os fariseus (Mc 2,13-3,6). Deixa-se convidar às ceias (Lc 7,36ss.; 11,37ss.), mas não comparte com sua mentalidade. Enquanto come, pode lhes dizer: "Sois uns infelizes, porque tendes vossa consolação" (Lc 6,24). Deixa-se convidar também pelos malvistos publicanos. Sua presença no meio deles, como mostra a história de Zaqueu, traz transformações em seu comportamento.

Tudo em que em nosso coração e na sociedade possa se erguer contra o direito do outro é por Cristo condenado, como o ódio e a raiva (Mt 5,21-22), a inveja (Mt 5,27-28), a calúnia, a agressão e o assassinato. Propugna pela bondade e pela mansidão e critica a falta de respeito à dignidade do outro (Mt 7,1-15; Lc 6,37-41). Jesus segue seu caminho não com soberba distância do conflito humano, mas tomando partido sempre que se trate de defender o outro em seu direito, seja ele herege, pagão, estrangeiro, mal-afamado, mulher, criança, pecador público, doentes e marginalizados. Comunica-se com todos e apela para a renúncia da violência como instrumento na consecução dos objetivos. O mecanismo do poder é querer mais poder e subjugar os outros aos seus ideais. Daí surge o medo, a vingança e a vontade de dominação que rompem a comunhão entre os homens. A ordem humana é criada como imposição, com grande custo social. Tudo o que pode causar questionamento, insegurança e mutação da ordem, tanto na sociedade civil como religiosa, é mantido em rigorosa vigilância. Quando o perigo para a ordem estabelecida se torna real entram em ação mecanismos primitivos de difamação, ódio, repressão e eliminação. Há que se limpar a ordem dos inimigos da segurança. Tais reações não podem apelar, como autojustificativa, às atitudes de Jesus que eram geradoras de processo de reflexão e de mutação e de franca comunicação entre os grupos.

Correspondente ao apelo à renúncia do poder, está o apelo ao perdão e à misericórdia. Isso supõe fina percepção da realidade do mundo: haverá sempre estruturas de poder e de vingança. Elas não deverão provocar ao desânimo, ou à assunção da mesma estrutura. Impõe-se a necessidade do perdão, da misericórdia, da capacidade de suportar e conviver com os excessos do poder. Manda, consequentemente, amar o inimigo. Amar o inimigo não é amá-lo romanticamente como se fora um amigo diferente. Amá-lo como inimigo supõe detectá-lo como inimigo e amá-lo como Jesus amava seus inimigos: não se furtava à comunicação com eles, mas questionava as atitudes que os escravizavam e os faziam exatamente inimigos. Renúncia ao esquema de ódio não é a mesma coisa que renúncia à oposição. Jesus se opunha, disputava, argumentava, mas não dentro do mecanismo do uso da violência, mas num profundo engajamento à pessoa. Renunciar à oposição seria renunciar ao bem do próximo e à defesa de seus direitos e acrescentar lenha ao fogo da dominação.

c.5) Aceitação da mortalidade da vida

Na vida de Jesus aparece a vida com todas as suas contradições. Ele não é um lamuriento que se queixa do mal existente no mundo. Deus poderia ter feito o mundo melhor! Há excesso de pecado e maldade entre os homens, e Deus o que faz? Nada disso encontramos em Jesus. Ele assume a vida assim como ela se antolhava. Não se recusa ao sacrifício que toda vida verdadeiramente engajada inclui: ser isolado, perseguido, malcompreendido, difamado etc. Acolhe as limitações todas; tudo o que é autenticamente humano aparece nele: ira, alegria, bondade, tristeza, tentação, pobreza, fome, sede, compaixão e saudade. Vive a vida como doação e não como autoconservação: "eu estou no meio de vós como quem serve" (Mc 10,42-45). Não conhece tergiversações em sua atitude fundamental de ser sempre um-ser-para-os-outros. Ora, viver a vida como doação é vivê-la como sacrifício e desgaste para os outros.

Se morte não é apenas o último momento da vida, mas a estrutura mesma da vida mortal enquanto vai se desgastando, se esvaziando lentamente e morrendo desde o momento em que a vida é concebida; se morte como esvaziamento progressivo não é somente fatalidade biológica, mas chance para a pessoa em sua liberdade poder acolher a finitude e a mortalidade da vida e assim abrir-se para um maior do que a morte; se morrer é assim criar espaço para outro maior, um esvaziar-se para poder receber uma plenitude advinda daquele que é maior do que a vida, então podemos dizer que a vida de Cristo, desde o seu primeiro momento, foi um abraçar a morte com toda a coragem e hombridade de que alguém é capaz. Ele era totalmente vazio de si para poder ser cheio dos outros e de Deus. Assumiu a vida mortal e a morte que ia se armando dentro de seu compromisso, de profeta ambulante, e de Messias-libertador dos homens. É neste contexto que precisamos refletir sobre a morte de Cristo e seu significado redentor.

Estamos habituados a entender a morte de Jesus conforme os relatos da Paixão no-la referem. Aí aparece claro que sua morte foi por nossos pecados, que ela correspondia às profecias do AT e que realizava parte da missão divina confiada a Jesus pelo Pai e que por isso era necessária ao plano salvífico de Deus. Estas interpretações relevam a verdade transcendente da entrega total de Jesus, mas podem nos induzir numa falsa compreensão do verdadeiro caráter histórico do destino fatal de Jesus Cristo. Na verdade, estas interpretações contidas nos evangelhos constituem o resultado final de todo um processo de reflexão da comunidade primitiva sobre o escândalo da Sexta-feira Santa. A morte vergonhosa de Jesus na cruz (cf. Gl 3,13), que no tempo significava sinal evidente do abandono de Deus e da falsidade do profeta (importante para isso: Mt 27,39-44; Mc 15,29-32; Lc 23,35-37), fora para eles mesmos um grande problema. À luz da ressurreição e da releitura e meditação das Escrituras do AT (cf. Lc 24,13-35) começaram a fazer inteligível aquilo que antes era absurdo. Esse trabalho interpretativo e teológico, detectando um sentido secreto sob os fatos infamantes da Paixão, foi recolhido nos relatos do processo, paixão, morte e ressurreição de Jesus. Os evangelistas não trabalharam como historiadores neutros, mas como teólogos interessados em ressaltar o sentido transcendente, universal e definitivo da morte de Cristo. Este tipo de interpretação, por mais válido que seja, tende, caso o leitor não se mantiver avisado, a criar uma imagem da paixão como se fora um drama supra-histórico, onde os atores, Jesus, os judeus, Judas, Pilatos, parecem marionetes a serviço de um plano previamente traçado, isentando-os de suas responsabilidades. A morte não aparece em seu aspecto dramático e oneroso para Jesus; Ele executa também um plano necessário. A necessidade deste plano, porém, não é esclarecida; a morte é desligada do resto da vida de Cristo e começa a possuir um significado salvífico próprio. Com isso perde-se muito da dimensão histórica da morte de Jesus, consequência de seu comportamento e de suas atitudes soberanas e resultado de um processo judicial. Com razão diz um excelente teólogo católico, Ch. Duquoc: "Na realidade, a paixão de Jesus não é separável de sua vida terrestre, de sua palavra. Sua vida, bem como a Ressurreição, dá sentido à sua morte. Jesus não morreu de uma morte qualquer, Ele foi condenado, não por causa de um mal-entendido, mas por sua atitude real, quotidiana, histórica. A releitura que salta imediatamente da particularidade desta vida e desta morte para um conflito "metafísico" entre o amor e o ódio, entre a incredulidade e o Filho de Deus, esquece a multiplicidade das mediações necessárias à sua compreensão. Este esquecimento da história tem consequências religiosas. Demos um exemplo: a meditação da Paixão de Jesus não se salvou sempre de um dolorismo suspeito. Ao invés de convidar a fazer recuar efetivamente o mal e a morte, ela produziu, muitas vezes, uma fixação malsã, a resignação. O sofrimento, a morte foram destarte glorificados neles mesmos" (197).

O sentido perene e válido descoberto pelos evangelistas deve pois ser resgatado a partir do contexto histórico (e não tanto teológico) da morte de Cristo. Só assim ele deixa de ser a-histórico e, no fundo, vazio, e ganha dimensões verdadeiramente válidas também para o hoje de nossa fé.

A morte de Cristo foi, primeiramente, humana. Em outras palavras, situa-se dentro do contexto de uma vida e de um conflito no qual resultou a morte, não imposta de fora, por um decreto divino, mas infligida por homens bem-determinados. Por isso essa morte pode historicamente ser acompanhada e contada.

Jesus morreu pelos motivos pelos quais todo profeta em todos os tempos morre: colocou os valores por Ele pregados acima da própria conservação da vida; preferiu morrer livremente a renunciar à verdade, à justiça, ao direito, ao ideal da fraternidade universal, à verdade da filiação divina e da bondade irrestrita de Deus Pai. Neste nível Cristo se insere dentro do exército de milhares de testemunhas que pregaram: a melhoria deste mundo e a criação de convívio mais fraterno entre os homens e de maior abertura para o Absoluto. Sua morte é contestação dos sistemas fechados e instalados e permanente acusação do fechamento do mundo sobre si mesmo, isto é, do pecado.

Esta morte de Cristo foi sendo preparada ao longo de toda a vida. As reflexões que acima fizemos mostram como Ele significou uma crise radical do judaísmo de seu tempo. Apresenta-se como um profeta que não anuncia a Tradição, mas uma nova doutrina (Mc 1,27). Que não prega apenas a observância da Lei e de suas interpretações, mas que se comporta soberano face a tudo isso: se ajuda o amor e o encontro dos homens entre si e com Deus assume a Lei, se obstaculiza o caminho para outro ou para Deus, passa por cima dela ou abole simplesmente. A vontade de Deus, para o profeta de Nazaré, não é apenas encontrada no lugar clássico da Escritura. A própria vida é lugar da manifestação da vontade salvífica do homem. Um sentido de libertação da consciência oprimida transpira em todas as suas atitudes e palavras. O povo o percebe. Entusiasma-se. As autoridades se apavoram. Ele representa um perigo para o sistema de segurança estabelecido. Pode arrebatar as massas contra as forças de ocupação romanas. A autoridade com que fala, a soberania que assume e as atitudes sobranceiras que manifesta provocaram um drama de consciência para os mentores da dogmática oficial. O homem da Galileia se distanciou demais da ortodoxia oficial, não justifica, por nenhum recurso reconhecido, sua doutrina, seu comportamento e as exigências que faz.

Não devemos imaginar que os judeus, os fariseus e os mentores da ordem social e religiosa de então tenham sido pessoas de pura má vontade, malévolos, vingativos, perseguidores, mal-intencionados. Na verdade, eram fiéis observantes da Lei e da religião tradicionada piedosamente por gerações onde havia mártires e confessores. As interrogações que fazem a Jesus, a tentativa de enquadrá-lo nos cânones da moral e da dogmática estabelecida nasciam do drama de consciência que lhes criara a figura e a atuação de Jesus. Tentam reconduzi-lo aos quadros definidos pela Lei. Não o conseguindo o isolam, difamam, processam, condenam e por fim o crucificam.

A morte de Cristo resultou de um conflito bem circunstanciado e definido legalmente. Não foi o fruto de "uma maquinação sádica" nem de um mal-entendido jurídico. Jesus lhes parecia, realmente, um falso profeta e um perturbador do *status* religioso que eventualmente poderia também perturbar o status político. O fechamento, o enclausuramento dentro do próprio sistema de valores, feito intocável e inquestionável, a incapacidade de se abrir e de aprender, a estreiteza de horizonte, o fanatismo do próprio arranjo vital e religioso, o tradicionalismo, a autossegurança assentada na própria tradição e ortodoxia, mesquinharias que ainda hoje caracterizam, muitas vezes, os defensores de uma ordem estabelecida, clérigos ou políticos, geralmente imbuídos da maior boa vontade, mas destituídos de senso crítico e falhos de sentido histórico, todas estas banalidades que nem constituem graves crimes, motivaram a liquidação de Jesus.

d) Fundamento do projeto histórico de Jesus e da práxis libertadora: a experiência de Deus-Pai

O que descrevemos acima poderia parecer a alguns demasiadamente antropológico: o homem da Galileia libertou pela sua vida e pela sua morte como outros tantos também o fizeram antes e depois dele. De fato, nesse nível de nossa reflexão, Cristo se situa na galeria dos justos e dos profetas injustiçados e matados. Como veremos logo a seguir, somente a ressurreição sobre-eleva Jesus para além de todas as analogias e faz descobrir dimensões novas na banalidade de sua morte de profeta-mártir. Contudo, cabe a pergunta: De que força e de que vigor se alimentava a sua vida libertadora? Os evangelhos deixam claro: seu projeto libertador nascia de uma profunda experiência de Deus vivido como o sentido absoluto de toda a história (Reino de Deus) e como Pai de infinita bondade e amor para com todos os homens, especialmente os ingratos e maus, os tresmalhados e perdidos. A experiência de Jesus não é mais do Deus da Lei que discrimina bons e maus, justos e injustos; mas é do Deus bom que ama e perdoa, que corre atrás da ovelha tresmalhada, que espera ansioso pelo filho pródigo e que se alegra mais com a conversão de um pecador do que com a salvação de noventa e nove justos.

A nova práxis de Jesus acima esboçada radica, em seu último fundamento, nesta nova experiência de Deus. Quem se sabe totalmente amado por Deus, ama como Deus ama indistintamente a todos, até os inimigos. Quem se sabe aceito e perdoado por Deus, aceita e perdoa também os outros. Jesus encarnava o amor e o perdão do Pai, sendo Ele mesmo bom e misericordioso para com todos, particularmente para com os enjeitados religiosamente e mal-afamados socialmente. Isso não era humanitarismo de Jesus; era a concretização do amor do Pai dentro da vida. Se Deus faz assim com todos, por que não deve fazê-lo também o Filho de Deus?

2. A morte criminosa de Jesus

Tentaremos agora rastrear os passos históricos do processo, julgamento, condenação e crucificação de Jesus. Como advertimos anteriormente, os atuais textos vêm perpassados de teologia pela qual se dava um sentido novo aos fatos ocorridos na paixão, graças à luz conquistada pela ressurreição. É extremamente difícil e também problemático operar uma ruptura nos textos, distinguindo neles o que é conteúdo histórico e o que é interpretação de fé. A exegese tem feito um esforço considerável neste sentido sem, contudo, lograr grande unanimidade entre os peritos.

O leitor pouco afeito aos procedimentos da exegese moderna, aprovados pelo Vaticano II e pela praxe comum no ensino acadêmico da exegese, poderá se sentir bastas vezes perplexo; considerará arbitrário acolher um texto como histórico e reputar um outro como produto do esforço teológico dos evangelistas e de suas respectivas comunidades.

Devemos, entretanto, afiançar que tais procedimentos não são tão arbitrários assim; seguem regras bastante bem balizadas pela exegese histórico-crítica. Mas isso não impede, mercê da natureza dos próprios textos, que haja divergência de opiniões, todas elas fundadas em argumentos que possuem sua racionalidade exegética e teológica. Devemos também reconhecer que não existe uma exegese totalmente neutra; o exegeta lê os textos com os olhos que possui e os interpreta com os pressupostos teológico-dogmáticos que estão em sua cabeça e em seu coração de homem que crê em Jesus Cristo como Deus encarnado e Salvador do mundo. Prévio ao trabalho exegético está uma imagem de Jesus que comanda a pesquisa. Esta imagem de Jesus, por um lado, é fruto da fé eclesial, da formação cristã desde a infância até à faculdade de teologia e por outro resulta do próprio estudo crítico dos textos do Novo Testamento. A imagem prévia que um teólogo possui de Jesus o orientará nas discussões exegéticas no sentido de assumir esta ou aquela solução que melhor se enquadra com sua imagem e com a visão global do mistério cristológico.

Dizemos tudo isso para advertir o leitor do alcance e dos limites de nossa própria exposição. É uma leitura entre tantas outras legítimas, leitura diversa daquelas, mais familiares à piedade e à teologia divulgada pelos canais comuns da Igreja. Tornamos a repetir o que esclarecemos no início de nosso ensaio: situamo-nos e prolongamos uma tradição cristológica, própria a São Francisco e aos grandes mestres franciscanos que, com terna candura e cândida ternura, refletiram sobre a santa humanidade de Jesus no seu sentido mais radical como a aniquilação de Deus e a morte na cruz. Nossa própria reflexão tenta se apropriar também dos resultados de uma exegese séria sobre os relatos da paixão e procura fazê-la frutificar em seu aspecto sistemático e dogmático. Seguiremos exegetas de grande porte como um E. Lohse, H. Schürmann, J. Blinzler, P. Benoit e outros. Não vamos referir todas as discussões, pois isso nos levaria longe. Assumimos aquela que nos parecia mais adequada à imagem cristológica que alimentamos na fé. Mas o leitor saiba que há outras sentenças que vão por outros caminhos também legítimos e eclesiais. O nosso caminho pretende ajudar àqueles que possuem interesse na profunda humanidade de Jesus para que nela possam encontrar um Deus maior e mais próximo e se sintam convocados a seguir e a imitar o mesmo caminho palmilhado por Jesus, o Cristo sofredor e mártir.

a) Passos de um caminho

A história da paixão pré-marquina seria esta, segundo L. Schenke, que estudou cuidadosamente a evolução literária dos textos da paixão:

Mc 14,1a "Ora a Páscoa e os Ázimos realizavam-se dois dias depois.

14,32a E chegaram a uma propriedade chamada Getsêmani e diz a seus discípulos.

14,34 A minha alma está triste até a morte. Ficai aqui e vigiai.

35a E tendo avançado um pouco, caiu por terra e orava.

36-38 Abba, Pai, tudo te é possível, afasta de mim este cálice, mas não se faça o que eu quero, mas o que Tu queres.

40c Os discípulos não sabiam o que lhe responder.

42 Levantai-vos, vamos. Eis que se aproxima o que me vai entregar.

47-50　Um dos presentes, desembainhando a espada, feriu o servo do sumo sacerdote e cortou-lhe a orelha. E Jesus tomou a palavra e disse: Viestes com espadas e varapaus, para me prender como a um salteador. Todos os dias estava entre vós a ensinar no Templo e não me prendestes. Mas é para que se cumpram as Escrituras.

53a　E conduziram Jesus ao sumo sacerdote.

55-56　Ora, os príncipes dos sacerdotes e todo o Sinédrio procuravam algum depoimento contra Jesus para o condenarem à morte, mas não o encontraram. Muitos na verdade depunham contra Ele falsamente, mas os seus depoimentos não estavam de acordo.

60-62a　E tendo-se levantado o sumo sacerdote no meio de todos, interrogou Jesus, dizendo: Não respondes nada ao que estes depõem contra ti? Mas Ele estava calado e não respondia nada. De novo o sumo sacerdote o interrogou e diz-lhe: Tu és o Cristo, o Filho do Bendito? E Jesus respondeu: Sou.

63-65　Então o sumo sacerdote, rasgando as suas túnicas, exclamou: Que necessidade temos ainda de testemunhas? Ouvistes a blasfêmia. Que vos parece? E todos decretaram que era réu de morte. E alguns começaram a escarrar sobre Ele e a cobrir-lhe o rosto com um véu e a feri-lo com punhadas e dizer: Adivinha? E os guardas davam-lhe bofetadas.

Mc 15,1　E logo de manhã os príncipes dos sacerdotes, tendo preparado uma reunião com os Anciãos e os Escribas e todo o Sinédrio e tendo ligado Jesus, conduziram-no a Pilatos.

3-5 E os príncipes dos sacerdotes o acusavam de muitas coisas. E Pilatos o interrogou: Não respondes nada? Vê de quantas coisas te acusam! És tu o Rei dos Judeus? Mas Jesus não respondeu mais nada, de modo que Pilatos estava admirado.

15b Então Pilatos mandou torturar Jesus, entregou-o para que fosse crucificado.

16-20 E os soldados levaram-no para o interior do palácio que é o Pretório e chamaram toda a coorte. E vestiram-no de púrpura e tendo tecido uma coroa de espinhos, puseram-lha na cabeça. E começaram a saudá-lo : Salve, ó rei dos judeus. E batiam-lhe a cabeça com uma cana e escarravam sobre ele e, dobrando os joelhos, prostraram-se diante dele. E depois de o escarnecerem, tiraram-lhe o manto de púrpura e vestiram-lhe as suas roupas e levaram-no para o crucificarem.

22-27 E conduziram-no ao lugar do Gólgota que quer dizer lugar do Crânio. E davam-lhe vinho misturado com mirra, mas Ele não o tomou. E crucificaram-no. E dividiram as suas roupas, deitando sortes sobre elas para ver o que cada um levaria. Eram nove horas quando o crucificaram. E o motivo de sua condenação estava assim escrito: O rei dos judeus. E com Ele crucificaram dois salteadores: um à sua direita e outro à sua esquerda.

29a E os que passavam insultavam-no.

31b E escarneciam dizendo: Salvou os outros e não pode salvar-se a si mesmo.

32 ó Messias, Rei de Israel, desça agora da cruz para vermos e acreditarmos.

34a E Jesus gritou com voz forte: Eloi, Eloi lamma sabatani.

36a   E um correu logo e embebeu uma esponja em vinagre e tendo-a fixado em uma cana dava-lhe de beber.

37   Mas Jesus, soltando um grande grito, expirou.

39   E o Centurião que estava em frente dele, vendo-o expirar assim, disse: Na verdade, este homem era Filho de Deus.

42-47   E quando chegou a tarde, visto que era a Preparação, isto é, a vigília do sábado, veio José de Arimateia, nobre membro do Sinédrio que também esperava o Reino de Deus e corajosamente foi ter com Pilatos e pediu-lhe o corpo de Jesus. E Pilatos admirou-se de que já estivesse morto e mandando chamar o centurião perguntou-lhe se já tinha morrido. E quando soube pelo centurião entregou o corpo a José. E tendo comprado um lençol e tendo-o descido, envolveu-o no lençol e colocou-o num sepulcro que tinha sido talhado na rocha e rolou uma pedra para a entrada do sepulcro. Entretanto, Maria Madalena e Maria, mãe de José, observavam onde tinha sido colocado".

Este seria, segundo Schenke, o relato mais antigo, o que está na base de Marcos atual que o embelezou e completou com novos dados históricos e teológicos.

Provavelmente este texto primitivo provém de cristãos helenistas de Jerusalém congregados ao redor de Estêvão (cf. At 6–7). O relato, como já asseveramos anteriormente, é *relato* sobre Jesus que era o Messias sofredor. Por causa da polêmica com os judeus que não aceitaram a figura de um Messias sofredor e que morreu vergonhosamente na cruz perseguiram o grupo e liquidaram Estêvão. Outros fogem e dão origem à missão entre os pagãos (At 8).

Os demais evangelistas completam o texto pré-marquino e o texto marquino com outros dados. A historicidade de todos estes dados é assaz discutida sem possibilidade de um consenso por causa da precariedade das próprias fontes. Acresce ainda que não constam da parte dos evangelistas testemunhos oculares do processo contra Jesus. O que os evangelhos referem é reflexão teológica com forte acento em textos do AT. Como diz com acerto E. Lohse: "Os cristãos não podiam narrar os sofrimentos e a morte de Jesus senão utilizando-se da linguagem do Antigo Testamento. Encontramos a cada passo nos capítulos sobre a paixão citações e modalidades próprias do AT, não somente naquelas passagens onde se começa com frases diretamente tiradas da Escritura, mas frequentemente no decurso da narração. Escreveram-se determinados fatos da paixão de Jesus à luz de palavras do AT, como por exemplo o escárnio, a crucificação entre dois malfeitores e a sepultura. Mais ainda. O estudo do AT levou a concluir que algumas passagens dos salmos e dos profetas foram incluídas nos relatos e ajudaram a compor a narração. Muitas vezes não podemos mais estabelecer com certeza se algumas passagens da paixão querem relatar coisas acontecidas ou se foram tomadas como prova escriturística e introduzidas no texto como complementação ao texto" (16-17).

Assim por exemplo o texto que diz: "estenderam a Cristo uma esponja com vinagre" combina exatamente com o Sl 69,22 (Mc 15,23.36 par), ou quando se fala que se lançou sorte sobre as vestimentas de Jesus (Mc 15,24 par) que se relaciona perfeitamente com o Sl 22,19. A célebre frase derradeira de Jesus: "Meu Deus, Meu Deus, por que me abandonaste" (Mc 15,34) é citação verbal do Sl 22,2. Aqui, provavelmente estamos diante de um dado histórico:

este foi com muita certeza o último grito de Jesus, porque se conservaram as palavras em seu texto hebraico. Mas dos outros já não sabemos mais se os fatos reais provocaram a recordação dos textos bíblicos ou se a memória destes textos provocou sua introdução no texto e assim transformaram-se em fatos.

a.1) Ida de Jesus a Jerusalém

Antes de abordarmos o processo e a condenação de Jesus, convém perguntarmos: Por que Jesus foi a Jerusalém, pois aí foi crucificado? Segundo a tradição sinóptica, esta teria sido a única vez em que Jesus foi, de adulto, à cidade santa. Jesus se sentia profeta. Contava com a irrupção iminente do Reino. Seu anúncio pelas terras de Galileia fora popular, mas não bem-sucedido. Os evangelhos deixam bastante claro que o fracasso acompanhou a trajetória profética de Jesus. Marcos, logo no início (3,6), diz claramente que Ele encontrara oposição e que os fariseus faziam planos com os herodianos para eliminá-lo. Depois serão os sumos sacerdotes e os escribas (Mc 11,18) que lhe farão oposição. Os ais sobre Corozaim, Cafarnaum e Betsaida (Quelle Lc 10,13-15; Mt 11,20-24) revelam a não aceitação da mensagem de Jesus. Faz-se cada vez maior solidão ao redor dele. Os discípulos, segundo João, o abandonam (6,67). Fica só com os 12. O fracasso não impressiona nem depressiona Jesus. Como todo profeta está convencido da verdade de seu anúncio.

Escapam-nos os motivos concretos que levaram Jesus a se decidir a ir a Jerusalém. Marcos diz apenas que o Filho do Homem deve em Jerusalém sofrer e morrer. Esse "deve" que ocorre três vezes (Mc 8,31; 9,31; 10,33), como veremos melhor mais tarde, não se refere a um acontecimento inarredável e fatal, mas aponta para a vontade de Deus, que se fará mediante a morte de Jesus. Estamos aqui diante de uma interpretação teológica dos primeiros cristãos que entenderam a morte de Cristo como disposição de Deus em seu plano de redenção. Os evangelistas não nos oferecem outro esclarecimento. Em Lc 13,33 Jesus diz que um profeta deve morrer em Jerusalém. Nestas palavras transparece, um pouco, da consciência do Jesus histórico, de se entender como o profeta escatológico. Como todos os profetas, conta com o mesmo destino trágico. Jerusalém constituía para o AT o lugar teológico por excelência. Aí se hão de verificar todas as grandes decisões histórico-salvíficas. É aí que se dará o grande embate entre as forças do bem e do mal, entre o Messias e seus inimigos. Jesus, movendo-se dentro de semelhantes representações, encaminha-se para lá. Em Jerusalém se jogará a decisiva cartada. Aí deverá irromper ou se frustrar o Reino de Deus.

a.2) Entrada na cidade de Jerusalém

O relato que possuímos, devido às fortes referências a passagens bíblicas e à teologia do Messias sofredor, não é mais discernível historicamente. Marcos (11,1) diz que Jesus vem subindo de Jericó, passando por Betânia e Betfagé no Monte das Oliveiras, e se aproxima da cidade. A cena do envio dos discípulos para buscar a burrinha (Mc 11,3-8) está em função de Gn 49,11 e Zc 9,9, onde se diz que o Messias libertador de Jerusalém vem do Monte das Oliveiras sentado sobre um jumentinho. As aclamações de Hosana estão em função do Sl 118,25 e serviam na Igreja primitiva como profissão de fé ao Messias, não mais para pedir auxílio, como originariamente significava a expressão, mas como aclamação de fé. E. Lohse diz: "Marcos não quer de modo nenhum oferecer um relato histórico. Mas quer, no começo, dar o verdadeiro contexto daquilo que vai descrever, os últimos dias de Jesus e seu caminho para a cruz, para deixar claro quem é esse que vai ao encontro da cruz: o Messias. Junto a isso refere-se ao Reino de nosso pai Davi. Com estas palavras quer significar que a história de Deus com Israel se decide e se culmina com o Senhor que caminha para a cruz" (31).

Provavelmente, na origem, está o fato concreto da entrada de Jesus em Jerusalém. Como era comum na Palestina, o mestre vem montado numa jumentinha e os discípulos a pé, ao seu derredor. Entram em Jerusalém. Sem grande triunfo, pois seria impossível, dada a presença romana na cidade. Esse fato, em si corriqueiro, foi depois da ressurreição embelezado. Começaram a entender que a banalidade do fato escondia algo de secreto: O Messias entrava na cidade. Daí se entende perfeitamente que João possa dizer: "E os seus discípulos não compreenderam isso no princípio, mas quando Jesus foi glorificado, então se recordaram de que isto tinha sido escrito acerca dele e que lho tinham feito" (Jo 12,16).

Cada evangelista pinta a seu modo a entrada de Jesus, à base de uma compreensão teológica posterior. Seria longo entrar nos pormenores de cada um. Para Mateus, por exemplo, a entrada provocou estupefação no povo que o saudou como o profeta de Nazaré (21,10-11). Jesus vai logo ao templo. Purifica-o. Cura cegos e coxos e recebe aclamações das crianças (21,14-17). O Servo de Deus carrega e cura os sofrimentos e está cercado pelos mais pequeninos e desprezíveis que representam sua verdadeira comunidade. Esse é o sentido dado por Mateus. Estamos, pois, mais diante de teologia do que de história fatual.

a.3) Purificação do templo

Mateus e Marcos, antes de relatarem a purificação do templo, referem a maldição sobre a figueira estéril; um dia após, Pedro recorda o fato a Jesus. A cena é provavelmente um prolongamento da parábola da figueira estéril (Lc 13, 6-9). Aqui ela tem o sentido simbólico de revelar a seriedade do juízo que nestes dias, em que o Messias está em Jerusalém, pesa sobre a cidade santa.

O relato da purificação do templo tem boas razões para ser histórico, embora seja pelos Sinóticos colocado nos últimos dias de Jesus (o que corresponde aos fatos) e por João, por motivos teológicos, no começo de sua vida pública. O sentido do relato reside em revelar, como veremos depois, a consciência do Jesus histórico e em aguçar a pergunta por sua autoridade. Com que direito, força, autoridade ele faz isso? (Mc 11, 28 par). Arma-se a partir daí um conflito de morte entre Jesus e as autoridades. Chega-se a uma culminância. Os textos realçam isso com as disputas que se seguem entre Jesus e os fariseus e saduceus (Mc 11,27-12,40). Mc 13 refere os textos escatológicos, onde se fala de terríveis ameaças e medos que pesam sobre a comunidade. Mas o Filho do Homem virá como juiz e libertará os seus. O sentido destes textos é reafirmar que aquele que agora é contestado e perseguido pelas autoridades é o Filho do Homem e o Juiz escatológico. Ele julgará e punirá os inimigos. Isso, porém, já é reflexão pós-pascal e releitura do significado do caminho doloroso do Messias. O fato histórico é assumido dentro de um quadro teológico.

a.4) A última ceia

A forma atual dos textos está cheia de problemas críticos. Tudo indica que o texto atual foi introduzido de fora para dentro do relato da paixão. Ele teria sido elaborado independentemente do relato da paixão, em ambiente helenístico, onde não se sabia exatamente dos costumes judeus. Isso se nota na introdução de Mc 14,12 onde se diz: "No primeiro dia dos pães ázimos, quando se sacrificava o cordeiro pascal". É uma contradição. O cordeiro era sacrificado no dia anterior, na vigília da festa dos pães ázimos. O autor helenista já não sabia exatamente dos costumes dos judeus.

Há ainda diferença de datação entre os Sinóticos e João. Para João a última ceia ocorreu de terça para quarta-feira. Para os Sinóticos de quarta para quinta-feira. Para João, Cristo morreu ainda na véspera do dia da páscoa judaica quando se matavam os cordeiros. Para os Sinóticos um dia após, na sexta-feira. Há muitas teorias para explicar esta divergência. A solução parece se encontrar nisso: as cronologias não são históricas, mas teológicas. Os Sinóticos (Mt, Mc, Lc) querem acentuar o fato teológico de que a última ceia se realizou em estreita relação com a ceia pascal dos judeus. A nova ceia do Senhor substitui a ceia antiga. A festa que celebrava a libertação do Egito é agora a festa do Senhor que liberta definitivamente. João porém acentua outro fato teológico: Cristo é a nossa páscoa, como se dizia na Igreja primitiva (cf. 1Cor 5,7). Morreu no dia em que se sacrificava o cordeiro pascal para mostrar sua superação. A morte de Jesus introduz uma nova ordem. Acaba com a festa do AT e começa a festa do Filho morto e ressuscitado. Ambos, os Sinóticos e João, estão a serviço da pregação que determina as diferentes doutrinas.

Estas interpretações teológicas, entretanto, não podem escamotear o problema histórico: a ceia de Jesus era ou não uma ceia pascal judaica? A resposta a esta pergunta dificilmente pode ser buscada no atual enquadramento que os evangelhos deram ao relato da última ceia do Senhor. Em outras palavras: a resposta não deveria ser buscada nos relatos evangélicos da paixão, porque aí ela já vem dentro de um marco teológico e não histórico.

Um caminho de solução seria tomar as próprias palavras da última ceia, que como sabemos de 1Cor 11 já eram tradicionadas de forma independente nas comunidades antigas. Entretanto, elas não servem de base histórica segura, porque embora Paulo diga: "Na noite em que o Senhor foi entregue, tomou o pão...", não se pode dizer que isso se ligue necessariamente à ceia pascal judaica, pois, como vimos, para São João ela ter-se-ia realizado um dia antes. É sabido que Jesus tomou muitas ceias com os seus discípulos, com publicanos e fariseus, comeu pão e vinho a ponto de o chamarem de comilão e beberrão (Mt 11,19 par). Portanto, podia ter sido a páscoa, bem como outra refeição qualquer – desta vez a última – que Jesus tomou com os seus. Por outro lado, o *conteúdo* das palavras da ceia eucarística não guarda relação com as palavras que eram pronunciadas na ceia pascal judaica. Nesta se explicava o sentido das ervas amargas e dos pães ázimos: *amargas* eram as ervas para simbolizar a vida amarga que os egípcios tinham feito para os judeus, ázimos eram os pães porque, no apuro da fuga libertadora, só puderam levar, apressadamente, o pão ainda não fermentado. Na ceia de Jesus não há nem ervas, nem massas, mas fala-se de pão e vinho. As palavras de Jesus são pronunciadas não dentro de uma ação litúrgica, como na ceia judaica, mas ao distribuir o pão e estender o vinho.

Quanto às palavras da ceia, proferidas por Jesus: não sabemos exatamente sua formulação histórica, porque as possuímos dentro de duas tradições diferentes, a de Mc + Mt e a de Lc 4 + Paulo. Segundo a maioria dos exegetas como os grandes especialistas Schürmann, Hahn, Conzelmann, Kümmel e outros, a exata formulação de Jesus não é mais possível de ser reconstituída historicamente.

Entretanto há que se observar o seguinte: o importante não são as palavras, mas a cena ou a ação toda. Dentro desta ação, as palavras querem explicitar um sentido presente na ação. As palavras estão aí inseridas e a serviço de uma ação global. A cena é a ceia de despedida do Senhor. Algo de definitivo vai ocorrer entre Jesus e os seus. A ceia quer marcar um adeus. O pão e o vinho têm seu contexto judaico. Na festa judaica o pai de família toma o pão nas mãos e profere a bênção, à qual todos respondem Amém. No final, faz o mesmo com o vinho. Após isso, cada qual toma do pão e do vinho e se serve. Cristo deverá ter assumido esse ritual e lhe conferido um sentido derradeiro.

Apesar das diferenças literárias que existem nas duas tradições dos relatos da última ceia, há dois elementos comuns: a ideia da aliança e a ideia da entrega sacrifical. Portanto, trata-se de um tema escatológico (aliança) e de outro soteriológico (entrega do corpo e derramamento do sangue). O tema escatológico, como veremos após, compagina-se bem com a atuação de Jesus histórico. O outro, o tema sacrifical, como haveremos de considerar ainda, dificilmente poderá ser atribuído a Jesus. Mas fica o sentido fundamental da ação de entregar o pão e de estender o vinho: é um sinal simbólico da irrupção iminente do Reino. Jesus havia comparado, em vida, várias vezes o Reino com uma ceia (Mt 8,11; Lc 14,15-24; Mc 2,18s. etc.). Lc 22,15-18 par; Mc 14,25 guardam bem esse conteúdo escatológico da ceia. Agora o Reino vai estourar, a ceia escatológica vai ser servida. Esta cena indica a atitude e a mentalidade escatológica de Jesus.

Após a ressurreição, quando se esclareceu o sentido da morte de Jesus como sacrifício e entrega livre, entenderam também o sentido novo do pão e do vinho que expressam bem esta atitude sacrifical de Jesus. É um sentido, portanto, adjudicado àquele primitivo, escatológico. Mas a comunidade sempre guardou também o sentido escatológico como se depreende do testemunho de Paulo: "Sempre que comerdes este pão e beberdes este cálice, anunciareis a morte do Senhor *até que Ele venha*" (1Cor 11,26). E sabemos que os cristãos terminavam a ação eucarística com o grito escatológico: Maranatha, vem, Senhor Jesus.

Alguém poderia perguntar: a Eucaristia, como sacramento, de que maneira se liga à ceia do Senhor? Cristo institui a Eucaristia como sacramento. Esta instituição deve ser compreendida no contexto de todo o mistério de Jesus Cristo; não pode ser reduzida apenas a gestos e a palavras do Jesus de Nazaré ao tempo em que vivia entre nós. Sua atuação se estende também depois de sua morte, dentro do tempo da Igreja. Todo o tempo apostólico é um tempo constitutivo da Igreja e da revelação definitiva e oficial. A eucaristia como sacramento nasce da totalidade do evento Jesus Cristo: da atividade do Jesus de Nazaré que fez uma ceia derradeira com os seus, na qual colocou gestos e palavras, embora tivessem um sentido próprio àquela cena – um sentido escatológico –, nasce da atividade do Jesus ressuscitado e da ação de seu Espírito que moveram os apóstolos a refazerem sempre de novo a ceia do Senhor e a repetirem seus gestos e suas palavras, dando-lhes um sentido sacrifical, eclesiológico, sentido este inserido dentro de outro contexto, de continuidade da história e da missão da Igreja missionária pelo mundo. Todos estes passos, com distintas mediações, constituem a obra de Jesus Cristo e sem Ele não poderiam ser compreendidas adequadamente da forma como a compreendemos, historicamente, hoje.

Retomando a nossa reflexão, estritamente, ao nível do Jesus histórico, perguntamos: O que motivou a inclusão do atual relato eucarístico (elaborado dentro de outro contexto) no relato da paixão? A resposta acena para um motivo teológico: a paixão mostra o caminho de nossa redenção alcançada pelo sacrifício do Messias e do Justo sofredor. Ora, os textos eucarísticos haviam já elaborado esta teologia sacrifical. Nada mais óbvio, portanto, que fossem inseridos nos relatos da paixão. Os contextos teológicos são os mesmos, embora elaborados independentemente um do outro.

a.5) A tentação do Getsêmani

Os Sinóticos nos narram a agonia, a angústia, a oração instante de Jesus e até, segundo Lc 22,44, o suor, como grossas gotas de sangue, no jardim das Oliveiras, momentos antes de ser preso. O atual relato vem urdido de teologia em função das necessidades parenéticas da comunidade primitiva. Jesus é tentado uma vez mais; passa por uma terrível prova (Mc 14,34: minha alma está numa tristeza de morte) : "Abba, Pai, tudo te é possível! Afasta de mim este cálice" (Mc 14,36). De que provação e tentação se trata? Muito provavelmente se trata da grande tentação que antecede a irrupção do Reino da qual falam os textos apocalípticos com temor e tremor. Não seria, portanto, a provação face à morte iminente, mas face a algo mais fundamental ainda: ao grande aperto escatológico a que serão submetidos os filhos da luz, seguidores do Messias, pelos filhos das trevas. É a "hora", o momento culminante no qual tudo deve ser decidido. Marcos diz muito bem que Jesus "orou para que, se fosse possível, passasse dele aquela hora" (Mc 14,35).

As palavras da oração de Jesus parecem ser elaboração da comunidade primitiva. Ninguém, segundo os próprios textos, ouviu Jesus. Todos dormiam. Mas a cristologia antiga interpretava todo o caminho histórico de Jesus à luz de passagens do AT, pois esta era a forma pela qual podia tornar inteligível o mistério de sua humilhação e glorificação. Aqui também procedem de forma semelhante. A tentação messiânica de Jesus e a oração nascida deste grande aperto existencial eram compreendidas à luz dos salmos (a oração por excelência) e interpretadas com palavras tiradas dos salmos. Nos salmos é frequente a oração do justo sofredor e tentado que grita para Deus em socorro e mostra-se como é atendido e consolado. Assim se entendem bem as palavras da Epístola aos Hebreus que traduzem esta tradição do Jesus tentado e orante: "Ele, nos dias de sua vida terrestre, ofereceu orações e súplicas, com grandes gritos e lágrimas, Àquele que podia libertar da morte e foi atendido em razão da sua submissão" (Hb 5,7).

A admoestação: "Vigiai e orai, para não cairdes em tentação; o espírito está pronto, mas a carne é fraca" (Mc 14,38) é muito provavelmente um *logion* parenético das primeiras comunidades; mas se situa bem dentro da mentalidade em que se move Jesus. Carne e espírito não devem ser entendidos aqui num sentido paulino, mas num sentido próprio do judaísmo do tempo de Cristo, bem atestado pelos textos da Comunidade de Qumrân. Segundo estes textos, o espírito da verdade e o espírito da mentira travam uma batalha tão renhida que se estende até para dentro do coração do homem, até dos filhos da luz. Como poderá o homem vencer, se sente a fraqueza de sua carne (fragilidade) e se a luta se trata dentro de seu coração? Daí a oração suplicante e fervorosa. Mas é importante que se chegue a este embate final que redundará na vitória de Deus, exatamente no momento ("hora") em que a tentação alcançar o seu paroxismo. São João se alinha também dentro desta tradição quando, num contexto alheio à paixão, faz Cristo falar: "Agora, minha alma está perturbada. Que direi? Pai, salva-me desta hora? Mas é exatamente por isso que eu cheguei a esta hora" (Jo 12,27).

A consciência da tentação de Jesus, de como a suportou e venceu na oração, levou a comunidade a elaborar a cena do Getsêmani. Seu conteúdo não se cinge a fatos históricos concretos, mas concerne à reflexão cristológica sobre Jesus: foi tentado, mas superou a tentação e assim se fez exemplo para a comunidade. A cena do Getsêmani possui um valor parenético inigualável: mostra maravilhosamente a profunda humanidade de Jesus e ao mesmo tempo sua total abertura a Deus no enfrentamento dos perigos.

b) Processo e condenação de Jesus

Ao Getsêmani chega uma escolta de soldados, orientados por Judas. Jesus é preso. Começa então o verdadeiro processo contra Jesus. Os atuais relatos divergem bastante entre si. Marcos, o mais antigo, é bastante sumário. Os demais Sinóticos (Mateus e Lucas) o alargam consideravelmente. João segue um esquema próprio. Não queremos entrar nas divergências, convergências e pormenores próprios de cada evangelista. De modo geral a exegese é unânime em conceder que pouco sabemos de historicamente certo acerca do que ocorreu nos interrogatórios judiciais com as autoridades judaicas e romanas. Nem se pode determinar exatamente a data da prisão, condenação e crucificação. Os primeiros cristãos não estavam interessados em nos transmitir um protocolo exato dos fatos. Mais interessados estavam em nos convencer da fé de que o Sofredor justo que padece é o esperado dos homens (Messias) e o Salvador do mundo.

Historicamente certos são os fatos da crucificação, da condenação por Pilatos e da inscrição no alto da cruz em três línguas conhecidas dos judeus. Os demais fatos ou são urdidos de teologia ou constituem pura teologia, elaborada à luz da ressurreição e da reflexão sobre o AT.

Seguiremos um esquema, nascido dos quatro evangelhos, assim como o grande especialista católico Josef Blinzler, baseado na crítica histórica e dentro das limitações de certeza que ela impõe, no-lo apresentou e que conta com significativo apoio de outros estudiosos.

Há dois processos: um religioso movido pelas autoridades judaicas e outro político diante do representante das forças de ocupação romana, Pilatos.

b.1) O processo religioso: Jesus condenado por blasfêmia

Do jardim das Oliveiras, Jesus é conduzido, preso, ao palácio do sumo sacerdote Caifás. Aí passa a noite. O processo não pode ser encaminhado logo à noite. Segundo a lei, o Sinédrio, composto de 71 membros, não podia fazer uma sessão àquela hora noturna. Durante a longa vigília Jesus é inquirido minuciosamente por Anás, ex-sumo sacerdote, sogro do sumo sacerdote em ofício Caifás, e por outros líderes judeus acerca de sua doutrina, de seus discípulos e de suas intenções. A exegese tem discutido à saciedade o valor deste interrogatório diante de Anás. Possuía valor oficial? Em todos os casos, Jesus se recusa dignamente a dar maiores explicações. Os Sinóticos relatam as cenas de irrisão e tortura a que Jesus é submetido, cenas estas comuns e frequentes no submundo das delegacias dos órgãos de repressão.

No dia seguinte, no canto sudoeste do templo, na boulé (ou Lishkathhá-Gazith – cf. Lc 22,66), reúne-se o sinédrio com o sumo sacerdote Caifás (que significa o Inquisidor). Abre a sessão com o depoimento das testemunhas. Pouco sabemos, com exatidão histórica, do conteúdo destas acusações. Provavelmente tratou-se da posição liberal de Jesus face ao sábado (Mc 2,23ss. par; Jo 5,9ss.) que constituía permanente motivo de escândalo para os judeus, de que fosse um sedutor ou falso profeta (Mt 27,63; Jo 7,12; Lc 23,2.5.14) e de expulsar demônios em nome de demônios (Mc 3,22; Mt 9,34). O resultado foi a discordância nos testemunhos (Mc 14,56). Outra gravíssima acusação, outrora levantada também contra Jeremias (Jr 26,1-19) e que lhe custou a vida, foi arguida contra Jesus: destruir o templo e reedificá-lo em três dias (Mc 14,58 e Jo 2,19). Mas também aqui resultou na discordância dos acusadores.

Eis que Caifás entra em cena. Submete Jesus a um rigoroso interrogatório, ao fim do qual é declarado digno de morte por crime de blasfêmia (Mc 14,64). Em que consiste este crime de blasfêmia? Segundo Mc 14,61-62 no fato de Jesus, à pergunta do pontífice – "És tu o Cristo, o Filho do Bendito?" – ter respondido: "Eu o sou. E vereis o Filho do

Homem sentado à direita do Poder e vir sobre as nuvens do céu". Há muito que a exegese tanto católica quanto protestante se pergunta: Estamos aqui diante de um relato histórico ou diante de uma profissão de fé da comunidade primitiva que interpretou, à luz da ressurreição e do Antigo Testamento, a figura de Jesus como sendo a do Messias-Cristo e a do Filho do Homem de Dn 7. É difícil decidir por puros métodos exegéticos semelhante questão. Certo é que os evangelhos não querem fazer obra histórica, mas querigmática e profissão de fé, onde história e interpretação da história à luz da fé se amalgamam numa unidade vital.

Em primeiro lugar, declarar-se Messias-Cristo não constituía em si blasfêmia alguma. Já antes de Jesus de Nazaré haviam-se apresentado como Messias vários libertadores. Por esse motivo jamais foram condenados à morte.

Em segundo lugar, há que se observar o fato de que Messias-Cristo vem ligado a outro título, Filho do Bendito (circunscrição para Deus). A expressão filho de Deus era corrente no mundo helenístico. Entretanto, no judaísmo, apesar do Sl 2,7 que fala do Messias-Cristo (Ungido) como filho (eu hoje te gerei), não era aplicado ao Messias num sentido físico, apenas num sentido das representações dos reis orientais, adocianista. O judaísmo, contra a religião pagã, combatia a filiação divina do rei. Ao Messias não se lhe atribuía o título de Filho de Deus. Isso constituirá obra da comunidade primitiva que aplicava ao Cristo ressuscitado todos os títulos de grandeza que havia no mundo daquele tempo, seja judeu, seja helenístico, seja do judeu-helenismo. Em razão disso, dever-se-á dizer que o sumo sacerdote não deverá ter colocado a questão nestes termos.

Outros julgam o crime de blasfêmia à luz de Dt 17,12: "Se alguém, temerariamente, desobedecer à decisão do sacerdote que estiver nesse tempo ao serviço do Senhor, teu Deus, ou à do juiz, será punido de morte". Esta determinação possuía uma aplicação precisa no julgamento dos falsos profetas ou falsos doutores, como sabemos da história depois de 70. O silêncio de Jesus diante da mais alta autoridade suporia desrespeito e desacato e por isso equivaleria a blasfêmia; aplicava-se a ele a condenação à morte (cf. para esta interpretação J. Bowker, assumida por E. Schillebeeckx, p. 277-282).

A argumentação desta hipótese parece pouco convincente, pois os testemunhos históricos são todos posteriores do ano 70. Ademais, a acusação de Jesus como falso profeta não desempenhou grande importância nas acusações.

O que podemos, seguramente, dizer é que Jesus possuía, no final de sua vida, uma consciência nítida de sua missão e da ligação do Reino com sua pessoa. Dele pendia a situação do homem e do mundo diante de Deus. Provavelmente tal consciência transpirou claramente no interrogatório solene feito por Caifás.

Ora, sustentar semelhante pretensão é situar-se já na esfera do Divino. E isso é para um judeu, com o dogma do extremo monoteísmo, gravíssima blasfêmia. Acresce ainda o escândalo sem proporções que isso significa: arroga-se uma consciência que implica a esfera do divino, por um lado, e por outro, apresenta-se fraco, sem meios adequados à sua missão e entregue à mercê dos torturadores. Tal figura não escarnece das promessas de Javé de total libertação, especialmente dos inimigos políticos? Face à semelhante blasfêmia, os 71 membros votaram unanimemente:

Lamaweth! Lamaweth!, isto é, "Seja condenado à morte, à morte".

Para o Sinédrio, Jesus, objetivamente, era digno de morte por apedrejamento. Entretanto parece certo (embora seja muito discutível) que, conforme o testemunho do Talmud (aqui bem-fundado), os judeus perderam o direito de condenar alguém à morte, reservado unicamente aos romanos. Os exemplos que se aduzem do apedrejamento de Estêvão (At 7,54–8,3) e do degolamento de Tiago, irmão de João (filhos de Zebedeu – At 12,2), devem ser entendidos mais como linchamento (para Estêvão) e transgressão de poder. Por isso, baseia-se em dados históricos o que João diz em 18,31: não nos é permitido matar ninguém.

b.2) O processo político: Jesus condenado por subversivo e guerrilheiro

O processo político diante do procurador romano Pilatos visa ratificar a decisão do Sinédrio. Com refinada tática, as acusações de ordem religiosa são transformadas em difamações de ordem política. Só assim têm chance de serem ouvidos e de lograrem a condenação de Jesus à morte. Acusam Jesus de querer ser um libertador político (Messias), que pretendia ser rei dos judeus (Mc 15,26 par) e para isso subvertia todo o país (Lc 23,2.5.14). Segundo o relato pré-marquino, Jesus à interrogação de Pilatos, se era o rei dos judeus (Mc 15,2), nada teria respondido, mas guardado silêncio com grande soberania. Caso Jesus o tivesse ratificado, como na atual versão dos evangelhos que já fazem trabalho teológico e veem o interrogado já como ressuscitado e Kyrios (senhor do cosmos e rei dos judeus e do universo), não se entenderia a reação de Pilatos, por três vezes: "Não encontro nele nada que mereça a morte" (Lc

23,4.15.22). Pilatos, no interrogatório, provavelmente se deu conta de que não se tratava de nenhum revolucionário político, como os zelotas, nem intentava violência contra os romanos.

São Marcos é um dos que mais emprega a palavra rei, pois está em estreita relação com Reino, tema-chave da pregação de Jesus. Com inteligente recurso literário, utilizando o contraste, quer mostrar Jesus como um rei diferente. É um rei de burlas (Mc 15,18.32), mais infamante do que um sedicioso que é preferido (15,9-12), condenado publicamente (15,2.4) e crucificado nu (15,26-27).

Querendo sair do impasse, Pilatos remete Jesus a Herodes que naqueles dias passava em Jerusalém (Lc 23,6-12). Era tetrarca da Galileia, principal campo de atuação de Jesus. Cabia-lhe uma palavra importante. Jesus é interrogado por ele. Seu silêncio irrita o tetrarca que o devolve a Pilatos, vestido de rei de paródia. Esta cena, reproduzida somente por Lucas, parece ser de origem legendária, como o mostrou bem M. Dibelius (Herodes und Pilatus, em *Botschaft und Geschichte* I, Tübingen 1953, p. 278-292). Provavelmente é historização midráschica do Sl 2,1 onde se diz que os reis da terra se sublevarão e os senhores da terra farão conselho contra Javé e seu Ungido (Messias).

Parece também legendária a cena de Barrabás. O costume de a população, uma vez ao ano, solicitar a libertação de um prisioneiro, não é testemunhada em nenhum lugar. As cenas de Herodes, de Barrabás, do *ecce Homo* e do lavar as mãos, como sinal de inocência, parecem estar a serviço de um motivo apologético da Igreja primitiva. Devem mostrar que o cristianismo não é perigoso ao Estado romano.

Pilatos se comportou como um cidadão romano respeitável. Os cristãos, segundo isso, não têm nada contra o Império e seus agentes. Esse motivo apologético permitia facilitar a pregação do Evangelho na atmosfera imperial. Por isso há a tendência de isentar Pilatos e de colocar quase toda a culpa sobre os judeus e seus chefes que manipularam o povo. Esta tendência dos evangelhos se explicita melhor posteriormente. Assim o evangelho apócrifo de São Pedro faz com que Herodes pronuncie a condenação de Jesus à morte e a mande executar. Enquanto Pilatos lava as mãos em sinal de inocência, os judeus e Herodes se negam a fazê-lo, para assim manifestar que assumem a inteira responsabilidade. O processo de isenção de Pilatos chega a tal ponto que Tertuliano o considera um criptocristão (Apologeticum 21,24). Outra tradição afirma ter sido, no final de sua vida, martirizado por causa de Cristo. A Igreja etíope o venera ainda hoje, bem como também a Judas, como santo.

Entretanto, fontes romanas nos dizem que Pilatos, feito procurador no ano 26 d.C., foi de extrema "venalidade, violência, rapinas, maus-tratos, ofensas, execuções incessantes e sem julgamento, crueldade sem razão" (Filo, Leg. ad Caium § 38). Foi destituído dez anos após, quando procedeu a grande carnificina entre os samaritanos. Acusado junto ao legado romano na Síria foi deposto e deportado. Esta imagem de Pilatos não se compagina com aquela dos evangelhos, o que nos faz supor interesse apologético por parte destes últimos.

Somente mediante a ameaça de se tornar inimigo de César (Jo 19,21) é que anui aos gritos da populaça e dos líderes judeus. Marcos diz simplesmente: "mandando flagelar Jesus, entregou-o para que fosse crucificado" (15,15).

Dita ainda o *titulus* em três línguas: Iesus Nazarenus Rex Iudaeorum.

A culpa principal da condenação de Jesus recai sobre os judeus. Os chefes (príncipes dos sacerdotes) veem na popularidade de Jesus um perigo e uma ameaça para suas posições de privilégio e de força. Os saduceus, detentores do comércio no templo e em Jerusalém e que influenciavam fortemente no Sinédrio, entendem que a atuação de Jesus pode provocar os romanos. Sentem-se ameaçados também em suas posições. Os fariseus odiavam Jesus por causa de sua liberalidade face à lei, face a Deus e às sagradas tradições, pervertendo o povo. Motivos, pois, de ordem política, nacional e religiosa decretaram a liquidação do Profeta. O povo atiçado por líderes ameaçados pressionaram Pilatos que, por covardia e por receio de se colocar mal diante de César, manda torturar e sentenciar Jesus.

A morte de Jesus é um assassinato judicial (Justizmord, Blinzler, 450). Não foi um erro jurídico, nem um equívoco; foi fruto de um interesse malévolo e de má vontade. Querendo circunscrever melhor o crime pode-se dizer: um assassinato religioso-político mediante abuso de justiça. De deicídio não se fala nunca no NT (mas cf. 2Ts 2,15).

c) A crucificação de Jesus

Pronunciada a sentença capital, Jesus é entregue ao procedimento de torturas. Os legionários romanos submetiam a torturas terríveis os pobres condenados: eram desnudados, flagelados, ofendidos em sua dignidade, feitos objetos de troça aviltante, cenas hoje ainda comuns, embora desumanas, em torturas de pessoas consideradas subversivas politicamente.

Marcos é extremamente seco ao dizer: "depois de o torturarem, tiraram-lhe o manto de púrpura, vestiram-lhe as suas roupas e o levaram para o crucificar" (15,20).

O suplício da cruz, "o mais bárbaro e terrível castigo" (Cícero, *V'erres* II, 5, 65, 165), era aplicado quase que exclusivamente para rebeldes políticos ou escravos. Após as torturas, os condenados deviam carregar seu próprio instrumento de condenação. Chegados ao local da crucificação, eram desnudados, pregados na cruz e erguidos, ficando dois ou três metros acima do chão. Sabe-se que os condenados podiam aguentar dias a fio aí pregados, até sucumbirem às próprias dores. Jesus pendeu durante três horas, do meio-dia até às 15 horas (Mc 15,33).

Marcos relata que Simão Cireneu ajudou Jesus a carregar a cruz. Citam-se os nomes de seus filhos, Alexandre e Rufus, nomes provavelmente conhecidos na comunidade marquina (Lucas omite os nomes). Entende-se que Jesus após três procedimentos de tortura, na vigília, no paço de Caifás e por ocasião do interrogatório de Anás (Lc 22,63-65), após o julgamento do Sinédrio (Mc 14,65) e por fim após a sentença proferida por Pilatos (Mc 15,15-20), estivesse extremamente extenuado. Quanto ao encontro com Maria, sua mãe, e com Verônica, parece de fundo legendário. A partir do século IV fala-se de Verônica, identificada no Ocidente com Marta e no Oriente com uma certa Berenice (daí vem Verônica). Segundo a legenda, ela teria ido a Tibério e denunciado Pilatos. Este foi condenado. Mandou pintar um quadro de Jesus, a cuja vista Tibério ter-se-ia convertido. Outra versão diz que ela teria enxugado o rosto de Jesus e no manto teria ficado estampado o rosto dolente do Senhor.

O encontro com as filhas de Jerusalém (Lc 23,27) parece gozar de certeza histórica. Sabe-se de fontes históricas (Talmud) que as mulheres preparavam para os condenados um vinho aromatizado a fim de aliviar suas dores. As palavras que Jesus lhes dirige são todas tiradas do AT. É a forma como Lucas deu expressão ao que Jesus lhes teria dito.

Os dois salteadores, provavelmente, foram condenados por terem sido zelotas (guerrilheiros) e terem atentado contra os romanos. Lc 22,37 a este propósito se lembra de Is 53,12: e foi contado entre os criminosos. As irrisões ao pé da cruz são pintadas à luz de textos do AT especialmente dos salmos e ressaltam o justo sofredor que tudo suporta com paciência. Lc 23,40-43 enriquece o texto com um fato legendário ligado a um dos crucificados com Jesus: "Ainda hoje estarás comigo no paraíso".

A última exclamação de Jesus, Eloi, Eloi, lama sabachtani (Mc 15,34), é de extrema importância, para se entender a consciência de Jesus. É a partir daqui, a nosso ver, que se deve pensar o caminho histórico de Jesus. As demais palavras, conservadas nos evangelhos (Lc 23,34.43.46; Jo 19,26.28.30), possuem valor histórico discutível.

Os sinais que se seguem à morte de Jesus constituem outros tantos procedimentos literários para recalcar o significado e a importância do fato. Assim Mc 15,33 par ao falar das trevas que cobriram toda a terra da sexta até a nona hora. Com isso, na linguagem apocalíptica bem conhecida (cf. Mc 13,24 par), quer exprimir: a terra entrou em trevas, porque com a morte de Jesus chegou o fim deste éon.

Os evangelhos falam ainda do véu do templo que se rasgou de cima abaixo (Mc 15,38 par), em dois pedaços.

Não se trata de um fato histórico, mas de um código literário para dizer; o véu do templo, do Santo dos Santos, caiu porque agora, por Jesus e sua morte, temos acesso direto a Deus (cf. Hb 10,19-20).

Mt 27,51-53 narra ainda que a terra tremeu, racharam-se as pedras e mortos ressuscitaram e apareceram a muitos em Jerusalém. É também um procedimento literário para significar: com Jesus chegou o fim do mundo, realizou-se a escatologia. Ao fim do mundo está ligado, segundo a compreensão apocalíptica, a ressurreição dos mortos e os demais signos cósmicos. Jesus é o primeiro dos ressuscitados e por isso, com sua morte, findou o velho mundo e se iniciou o novo.

A fórmula antiga do anúncio cristão dizia que Cristo morreu por nossos pecados, segundo as Escrituras, e foi sepultado (1Cor 15,3s.). Com esta última expressão se quer enfatizar o fato de que Ele morreu realmente. Os evangelhos mostram como Ele foi sepultado dignamente, não por parentes, mas pelos judeus (At 13,29). A lei dizia explicitamente (Dt 21,23) que um crucificado não podia passar a noite no madeiro. Ainda mais que, segundo os sinóticos, no dia seguinte era sábado.

Marcos termina o seu relato da paixão com a profissão de fé do centurião: Verdadeiramente este era o filho de Deus (15,39). É profissão de fé do evangelista e de sua comunidade servindo de desafio a todo o que lê seu relato: Vês atrás do torturado e crucificado o Filho de Deus? Marcos escreve em Roma. É sintomático que coloque a máxima profissão de fé na boca de uma autoridade romana. É para convidar a todos os romanos a seguir o caminho de Jesus.

III. COMO JESUS TERIA INTERPRETADO SUA PRÓPRIA MORTE?

Consideramos já o fato do processo, condenação e crucificação de Jesus, como consequência de sua vida e da práxis que inaugurou. Levanta-se agora a pergunta: Contava Jesus com sua própria condenação e morte violenta? Quem fazia as exigências que Ele fez, quem questionou a lei, o sentido do culto e do templo em função de uma verdade mais profunda e entusiasmou as massas, utilizando para o seu anúncio palavras carregadas de conteúdo ideológico (Reino de Deus, violência) podia e devia contar com a reação dos mantenedores da ordem daquele tempo: os fariseus (a lei), os saduceus (o culto no templo) e os romanos (forças de ocupação política). Isso é o que salta imediatamente aos olhos. Coloca-se outra pergunta ainda, mais fundamental: Que interpretação deu Jesus à sua própria morte? Morte redentora? Substitutiva? Morte de um profeta-mártir? Queremos abordar por separado estas duas questões.

1. Atitude de Jesus face à morte violenta

Os textos evangélicos deixam claro que Jesus não foi ingenuamente à morte. Ele a aceitou e a assumiu livremente. Ao ser preso, proíbe os apóstolos de o defenderem "para que se cumpra a Escritura" (Mt 26,52-56). Na tentação do

Getsêmani Jesus diz, na versão joaneia, que aceita o cálice do sofrimento (Jo 18,1-11). Apesar desta clareza dos textos, devemos também dizer que Jesus não buscou a morte. Esta lhe foi imposta por uma conjuntura que se criara, da qual não havia, sem traição à sua missão, outra saída digna. A morte foi consequência de uma vida e de um julgamento sobre a qualidade religiosa e política desta vida. Ele não a buscou nem a quis; teve que aceitá-la. Aceitou-a, não com impotente resignação e soberano estoicismo, mas como um livre que se sobrepõe à dureza da necessidade. Não deixa que lhe tomem a vida; Ele mesmo, livremente, a dá, como se deu durante toda a vida.

O que Jesus quis não foi a morte, mas a pregação e irrupção do Reino, a libertação que isso significava para os homens, a conversão e a aceitação do Pai de infinita bondade. Em função desta mensagem e da práxis que ela implica, estaria disposto a sacrificar tudo, inclusive a própria vida. Se a verdade que prega, testemunha e vive lhe exigir a morte, aceitará a morte. Não porque a busque em si mesma, mas porque é consequência de uma lealdade e fidelidade que é mais forte que a morte. Morrer assim é digno. Semelhante morte foi e é suportada e vivida, sim, vivida, por todos os profetas-mártires, ontem e hoje.

Jesus conhece o destino de todos os profetas (Mt 23,37; Lc 13,33-34; At 2,23) e é considerado como o Batista redivivo que fora decapitado (Mc 6,14). Há vários intentos de aprisioná-lo (Mc 11,18; Jo 7,30.32.44-52; 10,39) e de apedrejá-lo (Jo 8,59; 10,31) e pensa-se seriamente em eliminá-lo (Mc 3,6; Jo 5,18; 11,49-50). A Jesus não deve ter passado tudo isso despercebido, pois não era um ingênuo. Ademais, a cena da expulsão violenta dos vendilhões do templo (Mc 11,15-16 par) e sua palavra, muito provavelmente autêntica sobre a destruição do templo (Mc 14,58 par), o situavam na linha perigosa de um processo religioso. Acresce ainda o fato suspeito de possuir entre os doze pessoas comprometidas com a violência e com a subversão política, como "Simão, o zelota" (Lc 6,15 par; At 1,13), Judas Iscariotes (nome acádico para sicário = zelota) e "Boanerges", os filhos do trovão (reminiscências de movimentos zelotas) : todo este quadro colocava Jesus numa atmosfera de perigo religioso e político.

Face a tudo isso, Jesus conservava a plena confiança em Deus. "Quem quer salvar a vida, perdê-la-á, e quem a perder, salvá-la-á" (Lc 17,33 par; 14,26; Mc 8,35).

Renovamos a pergunta: Contava Jesus com a morte violenta? Esta pergunta é legítima no pano de fundo da pregação de Jesus sobre o Reino e sua irrupção iminente. Ele se entende como o profeta escatológico e ao mesmo tempo o realizador da nova ordem a ser introduzida em breve por Deus. Ele é o Reino presente. A pertença ao Reino depende da adesão à sua pessoa. Reino por sua vez implica num novo céu e numa nova terra, na superação da fragilidade deste mundo e banimento de toda forma de limitação de vida. Implicava a vitória sobre a morte. Sendo assim contava Jesus com sua morte na cruz?

a) Aporias exegético-teológicas

Os atuais textos evangélicos declaram que Jesus sabia de seu destino fatal. Ele o havia profetizado e dito que se entregaria para a redenção de muitos (todos Mc 10,45). As profecias são três:

Mc 8,31: "E começou a ensinar-lhes que era necessário que o Filho do Homem sofresse muito e fosse rejeitado pelos anciãos e pelos príncipes dos sacerdotes e pelos escribas e fosse morto e ressuscitasse depois de três dias".

Mc 9,31: "O Filho do Homem vai ser entregue às mãos dos homens e matá-lo-ão, mas três dias depois de morto há de ressuscitar".

Mc 10,33: "... começou a dizer-lhes o que lhe havia de acontecer: eis que subimos a Jerusalém e o Filho do Homem será entregue aos príncipes dos sacerdotes e aos escribas e condená-lo-ão à morte e entregá-lo-ão aos pagãos e hão de escarnecer dele, flagelá-lo-ão e matá-lo-ão, mas depois de três dias ressuscitará".

A exegese tanto católica quanto protestante disputa, há muitos anos, acerca da autenticidade jesuânica de tais textos. Literariamente a grande maioria os considera não jesuânicos, mesmo aqueles exegetas (por exemplo, J. Jeremias) que têm o conteúdo das profecias como jesuânico. A elaboração é tardia, supõe um conhecimento pormenorizado do processo de Jesus e de todo o evento pascal.

Todas elas, especialmente a terceira (Mc 10,33), dão um pequeno sumário da paixão. Se estas palavras, ao invés de estarem na forma de futuro, estivessem na forma de passado, iríamos logo reconhecê-las como um relato da comunidade primitiva acerca do processo de Jesus: foi a Jerusalém, foi entregue aos príncipes dos sacerdotes e aos escribas que o condenaram à morte e o passaram às mãos dos pagãos (romanos), foi escarnecido, cuspido, flagelado e morto, depois de três dias ressuscitou.

Estas palavras, assim julga bom número de exegetas, é pregação da comunidade primitiva e não palavra do Jesus histórico. No início de cada profecia está o termo Filho do Homem. Esta figura, segundo a apocalíptica, viria no final dos tempos sobre as nuvens para julgar e libertar os justos. Jamais, porém, no judaísmo o Filho do Homem aparece num contexto de sofrimento, condenação e morte.

Alguém poderia pensar: Jesus assumiu este título, mas em vista de sua morte próxima deu-lhe um novo conteúdo. Esta hipótese não se sustenta porque Jesus emprega o termo no sentido da apocalíptica: o Filho do Homem virá em sua glória com seus anjos (Mc 8,38) ; vereis o Filho do Homem vir sobre as nuvens com grande poder e glória (Mc 13,26 par). Não cabe dúvida que a expressão Filho do Homem, no sentido de Dn 7, vindo sobre as nuvens, pertence ao material mais antigo dos sinóticos. A união entre o Filho do homem com o fato da condenação, morte e ressurreição é obra teológica da primitiva Igreja. As profecias são portanto *vaticina ex eventu*, feitas após o evento, reprojetadas para o tempo da vida terrestre de Jesus com um sentido teológico bem-determinado: tudo o que Jesus disse e fez antes de sua morte e ressurreição está de tal maneira ligado ao seu destino de morte e de ressurreição que formam uma profunda unidade. Não se pode relatar a vida sem considerar para onde ela leva, isto é, para a morte e para a ressurreição. Não se pode contar a morte e a ressurreição prescindindo da vida de Jesus. Uma coisa é consequência da outra, formam o caminho concreto e histórico de Jesus.

Ademais, as profecias dão conta da unidade do plano de Deus: Deus não abandonou Jesus na Sexta-feira Santa, como tudo parecia indicar. Ele estava com Jesus. Este realizava seu plano secreto e misterioso, apesar da atuação dos homens e de sua maldade. A morte e a ressurreição é obra de Deus, pois foi Ele que tudo conduziu, sem entretanto dispensar a responsabilidade dos homens, que nas profecias são denunciados. A isso concorre a expressão "devia" morrer... Esta expressão não é vétero-testamentária; ela é própria de ambientes apocalípticos. Com ela se queria exprimir a soberania do plano de Deus que segue seu próprio caminho, apesar da capacidade de contradição humana. Queria também proporcionar um consolo: esse *dever* divino pode ser paradoxal, doloroso, mas está a serviço de um sentido de glória e plenitude. No caso de Jesus, a morte a serviço da ressurreição.

A tudo isso acresce a ideia sempre presente nos relatos da paixão: Jesus é o justo sofredor. No AT havia a ideia do justo sofredor que é recompensado e elevado à glória. Isso favoreceu a interpretação do destino mortal de Jesus na linha do justo sofredor, elevado à glória.

b) Indícios de uma tomada de consciência progressiva

1. Um indício que fala de uma consciência progressiva de Jesus acerca de seu fim parece ser o texto sinótico do esposo que será arrebatado (Mc 2,19-20 par). O contexto é polêmico: "os teus discípulos não jejuam? E Jesus disse-lhes: Porventura, podem os convivas nupciais jejuar enquanto o esposo está com eles...?, mas hão de vir dias, quando o esposo lhes for tirado, então jejuarão naqueles dias..."

Este texto, entretanto, segundo numerosos críticos, seria somente em parte de Jesus (Mc 2,19a: Porventura, podem os convivas nupciais jejuar enquanto o esposo está com eles?). A segunda parte seria reflexão da comunidade que já, num estádio avançado da cristologia, identificou Jesus com o Esposo, coisa que no AT era só feito com referência a Javé e para justificar as práticas ascético-penitenciais da comunidade que já não se tomava as liberdades da praxis de Jesus (cf. Teylor, 208-212; Percy, 233, 236).

2. Outro texto a se considerar é aquele de Lc 13,31-33; fariseus vêm e lhe comunicam que Herodes quer matá-lo. Responde ele: "Dizei a esta raposa: Eis que expulso os demônios e opero curas hoje e amanhã e no terceiro dia tenho terminado. Todavia é necessário que eu hoje, amanhã, e no dia seguinte caminhe, porque não convém que um profeta morra fora de Jerusalém". O essencial do episódio é considerado jesuânico. Entretanto, o último versículo, da morte em Jerusalém, é considerado por uma grande maioria, até mais conservadora, de incontestável redação lucana (Dupont, 299: "il est difficile d'exclure absolument que nous ayons affaire à une explication de l'évangéliste": George, 37).

Neste sentido o texto não pode ser aduzido como argumento.

3. Famoso e assaz discutido é o texto de Mc 10,45: "O Filho do Homem não veio para ser servido, mas para servir e dar sua vida em redenção de muitos (todos)".

Observa-se que nesta passagem se une a temática de Filho do Homem com aquela de morte, coisa que era inusitada no judaísmo. Ademais, a exegese tem mostrado que o tema da diaconia (serviço) possui seu *Sitz im Leben* (contexto vital) na tradição da ceia dos cristãos na Igreja primitiva. Várias vezes, Jesus usou da figura do servir a mesa da ceia no Reino (Lc 22,27; serviço especialmente aos pobres e necessitados: Lc 10,29-37; 14,12ss.; Mt 5,42 par; 18,23-24; 25,31-46).

Aqui o texto possui um sentido parenético, para os vários serviços (diaconias) das primitivas comunidades. Porque seu Sitz im Leben é eucarístico e nele se elaborou a temática do sacrifício, é natural que este texto tenha surgido sob esta influência. Como tal não seria jesuânico, o que é admitido por um bom número de exegetas. Especialmente, como veremos mais tarde, a reflexão sobre Is 53 permitiu aos cristãos ler sacrificialmente a morte de Cristo (cf. At 8,32-35; Fl 2,6-11; cf. At 3,13.26; 4,27.30). Dentro da linha de reflexão traçada por Is 53 se interpretaram os gestos de Jesus na ceia de despedida; após a morte e a ressurreição entenderam que aquilo significava realmente um sacrifício a Deus. Compreenderam que Jesus que se doara toda a vida, aqui na morte, se doara completamente. Daí os textos eucarísticos expressarem bem esta compreensão teológica: Isto é o meu corpo que será entregue, isto é o meu sangue que será derramado. Não seriam palavras jesuânicas, mas teologia já bem-elaborada das comunidades primitivas, em contexto eucarístico.

O texto paralelo em Lc 22,27 não possui nenhum acréscimo soteriológico; diz simplesmente: "Estou no meio de vós como quem serve". O acréscimo "e dar a vida em redenção de muitos" é somente de Marcos. Pertence ao seu código teológico.

O contexto é claro: "Os grandes fazem violência sobre os povos (Mc 10,42; Lc 22,25). Assim não deve ser convosco; quem quiser ser grande se faça pequeno e servo de todos (Mc 10,43s.; Lc 22,26), pois o Filho do homem não veio para ser servido, mas para servir (Mc 10,45; Lc 22,27)". A sequência é transparente; não implica corte nenhum. A ordem do mundo deve ser invertida pelo discípulo, pois o Filho do homem fez também isso. Ele é exemplo para o discípulo. O acréscimo "dar a vida em resgate" (lutron) se fez posteriormente, interpretando-se a vida e morte de Jesus num sentido sacrifical.

Este texto, por mais importante que seja, teologicamente, não oferece base histórica suficiente para penetrar na intenção de Jesus.

4. O texto de Mc 10,38 ou Mt 20,22: "Estais dispostos a tomar o cálice que eu vou tomar?" não parece constituir prova. Segundo a imagem tradicional o cálice pode significar um fim feliz (Sl 16,5-6; 23,5) ou infeliz (Sl 11,6), especialmente a cólera divina (Jr 25,15-29; Is 51,17.22; Ez 23,31-34). Aqui o cálice é apresentado como uma etapa preliminar à glória. Como veremos posteriormente, o sentido mais seguro não concerne à morte, mas à grande tentação, onde se embaterão o Messias e seus inimigos.

5. Outro indício se apoiaria na parábola do filho único assassinado (Mt 21,33-46; Mc 12,1-12; Lc 20,9-19).

Esta parábola impressionante não fala de sua morte, mas é uma severa advertência aos sinedritas (os vinhateiros da vinha do Senhor) contra sua trama de liquidar Jesus. Associa-os às responsabilidades de Israel que exterminou os profetas (Mt 5,11-12 par; 23,29-36 par). Querendo matar o filho, eles atraiçoam sua missão recebida de Deus de serem os guias de seu povo.

6. A profecia do pastor ferido (Mc 14,27; Mt 26,31) é aduzida por alguns como indício da consciência jesuânica acerca de sua morte. Com a ajuda de um texto de Zc 13,7 Jesus profetiza sua morte: "Todos vós sereis escandalizados, porque está escrito: Hei de ferir o pastor e as ovelhas dispersar-se-ão (Zc 13,7). Mas depois de ter ressuscitado, preceder-vos-ei na Galileia" (Mc 14,27-28). Um bom número de exegetas opina que o texto de Zacarias tenha sido introduzido posteriormente pela comunidade primitiva que experimentou a dispersão dos apóstolos (cf. Dodd, C.H., 42). O contexto todo que fala "depois de ter ressuscitado" e "preceder-vos-ei na Galileia" constituem modismos típicos da tradição pascal mais antiga.

7. Outro texto passível de interpretação na linha da progressiva consciência de Jesus de seu fim violento se refere à unção da cabeça de Jesus por uma mulher com "perfume de nardo puro, de grande valor" (Mc 14,3-9; Mt 26,6-13; Jo 12,1-8). "Deixai-a, não a molesteis. Ela fez uma obra boa para comigo. Porque havereis de ter sempre pobres convosco e, quando quiserdes, podereis fazer-lhes bem. Mas a mim não me tereis sempre. Ela fez o que pôde; perfumou antecipadamente o meu corpo, para a sepultura" (Mc 14,6-8). Aqui estaríamos diante de uma consciência jesuânica de seu sepultamento. Sepultar os corpos sem a unção constituía grave desonra. A mulher ungiu Jesus em antecipação. Os iniciadores da *Formgeschichte* como Dibelius e Bultmann têm mostrado que aqui se trata de uma adição posterior de um relato mais antigo (Mc 14,3-7). Neste relato se nota uma polêmica na comunidade, na qual havia

oposição aos cuidados dos pobres. Que a parte referente à sepultura de Jesus provém dos tempos apostólicos fica mais convincente se atendermos ao versículo seguinte de coloração tipicamente pós-pascal e eclesial: "Em verdade vos digo: 'Em toda parte onde for proclamado o evangelho, no mundo inteiro, dir-se-á também o que ela fez em sua memória'" (Mc 14,9). (Cf. Bultmann, 37; Dibelius, 54, 58, 178-179).

8. O episódio do Getsêmani foi já anteriormente comentado (Mt 26,36-46; Mc 14,32-42; Lc 20,40-46). Aí vimos: não se necessita interpretar a tentação como medo diante da morte iminente, mas antes, medo face ao grande embate entre os filhos da luz (do Messias) e os filhos das trevas, inimigos do Messias.

9. As últimas palavras de Jesus na cruz possuem todas as características de serem jesuânicas (Mc 15,34; Mt 27,46). São conservadas em seu teor hebraico, *lamma, lamma sabachtani*. Se atendermos a Lucas e a João damonos conta de que para eles estas palavras lhes causaram dificuldades com as cristologias que possuíam; a divindade de Jesus constituía já um dado adquirido e em João era o tema articulador de todo o Evangelho. Daí se entender que Lc 23,46 a substitui por uma outra também tirada, como a primeira em Mateus e Marcos, de um salmo (30 ou 31,6 respectivamente em Marcos e Mt 22,2): "Pai, em tuas mãos entrego o meu espírito". Jo 16,32 poderá ser exegetado como um esforço para evitar mal-entendidos acerca do aparente abandono de Jesus no alto da cruz: "Vem a hora e já chegou em que sereis dispersos cada um para o seu lado e deixar-me-ão só; mas não estou só, porque o Pai está comigo".

Devemos tomar estas últimas palavras de Jesus absolutamente a sério. Embora sejam tomadas do início de um salmo (22,2), salmo que mostra a profunda aflição do justo sofredor e também seu consolo encontrado junto a Deus, a ponto de terminar com uma bênção sobre todo o mundo, nada nos indica que foram ditas por Jesus no horizonte deste salmo. O que o texto nos fala é do profundo e derradeiro grito de Jesus, a partir do inferno da experiência da ausência divina. O Pai que ele vivia como intimidade filial, o Pai que ele havia anunciado como de infinita bondade, o Pai cujo Reino ele proclamara e antecipara em sua práxis libertadora, agora o abandona. Não somos nós que o dizemos. É Jesus quem o diz. Ele, entretanto, não o abandona. No vazio mais abissal da alma humana, sem qualquer título pessoal que pudesse lhe servir de apoio, como sua fidelidade, a luta sustentada por causa de Deus com a situação de seu tempo, os riscos que correu e o aviltante processo difamatório e capital que sofreu, nada mais existe que ele, Jesus, possa apresentar a Deus. Apesar do desaparecimento do chão debaixo de seus pés, confia ainda assim nele. Continua a dizer, sem talvez entendê-lo radicalmente, e é por isso que grita (Mc 15,34; "com voz forte" em Lc 23,46): "Meu Deus, meu Deus"...

Aqui estamos diante da máxima tentação suportada e vivida por Jesus; poderíamos formulá-la assim: Será que não terá sido em vão todo o meu compromisso? Será que o Reino não virá? Será que terá sido tudo uma doce ilusão? Não haverá um derradeiro sentido para o drama humano? Será que não sou eu o Messias? As representações que Jesus se fizera, homem que era, desmantelaram-se completamente. Encontra-se nu, desarmado, totalmente vazio diante do Mistério. Como se comporta? Agarra-se a alguma última representação que será o seu consolo, a sua garantia, a sua derradeira segurança? Nada disso sucede. Jesus se entrega ao Mistério, verdadeiramente sem nome. Ele lhe será a única esperança e segurança. Não se apoia em nada absolutamente que não seja Deus. A absoluta esperança e confiança de Jesus só é inteligível no pano de fundo de seu absoluto desespero. Onde abundou a desesperança, aí pôde superabundar a esperança. Porque a esperança foi infinita, o seu apoio radicado somente no Infinito, infinita também foi a desesperança. A grandeza de Jesus foi poder suportar e viver semelhante tentação. Nenhuma morte precisa ser absoluta solidão. Ela o é quando centrada sobre o próprio eu. Mas ela é chance de entrega a um Maior. Uma entrega total. Caso se conservasse algo em Jesus, uma derradeira certeza, uma segurança de sua consciência messiânica, a entrega não poderia então ser total. Teria um apoio em si mesmo. Seria para si mesmo. Ele não seria totalmente para Deus. Porque se esvaziou completamente, pôde ser repletado totalmente. A isso se chama ressurreição.

A cristologia e o tema da consciência messiânica de Jesus e de seu caminho concreto deve, no nosso modo de ver, ser pensado a partir de Mc 15,34. Aqui se decide se aceitamos ou não, se tomamos a sério ou não, o fato radical da encarnação de Deus, como fontal humanização de Deus, como completo vazio divino, na linha de Fl 2, também dos atributos divinos. Ele, Deus, se fez, pela encarnação, realmente outro. Daí podermos falar teologicamente sobre a verdadeira e real humanidade de Jesus, como sendo a própria divindade presente e não apenas como instrumento dela, ela mesmo se retraindo para uma instância intocável e fora da história. O Verbo *se fez* carne e armou tenda entre nós (Jo 1,14), nas sombras mortais de nossa vida.

2. Como Jesus teria representado o seu fim

Esta questão vem geralmente sob o título: Como Jesus interpretou sua morte? Como resultou dos textos referidos acima, nenhum deles goza de autenticidade jesuânica suficiente para nos abrir a porta da consciência e ciência prévia acerca da sua morte próxima. Somos da opinião que Jesus, somente no alto da cruz, deu-se conta de que seu fim realmente estava próximo e que podia realmente morrer. Então num grande grito externa seu profundo desamparo, quase diríamos decepção, e se entrega ao Meu Deus. O texto lucano 23,46 "Pai, em tuas mãos entrego o meu espírito" exprime bem a derradeira disposição interior de Jesus de absoluta entrega, sem qualquer outra consideração. Que esperava, então, Jesus? Para elaborarmos uma imagem (com todo o vago e incerto que a imagem possui) devemos atender previamente aos seguintes pontos:

1. Jesus pregou o Reino de Deus e não a si mesmo. Reino constitui a palavra-esperança, a realidade do mundo e do homem, pecadora e decadente, transfigurada, reconciliada e sanada pela raiz pela vinda de Deus. Reino não significa o outro mundo, mas este mundo agora feito senhorio pleno de Deus, onde Javé se faz presente e banindo tudo que é adverso, maligno, mortal, antidivino e anti-humano.

Esta esperança, que arranca do fundo utópico mais profundo do coração e da história, é feita objeto da pregação de Jesus.

2. O Reino foi aproximado (Mc 1,15; Mt 3,17) e já está em vosso meio (Lc 17,21). Esta é a segunda grande novidade de Jesus. Não basta anunciar um utópico, mas que o utópico se está fazendo tópico. Há alguém que é mais forte que o forte. E este resolveu intervir e pôr termo ao caráter sinistro e rebelde do mundo (cf. Mc 3,27). A tônica da pregação de Jesus, as exigências duríssimas que faz, os apelos à conversão estão no horizonte da irrupção próxima do Reino que já está em ação no mundo, e que vai se manifestar totalmente em breve.

3. Ele, Jesus, se entende não apenas como o pregoeiro desta alvissareira notícia (Mc 1,15), mas como o portador e realizador dela: "Se eu expulso demônios pelo dedo de Deus, sem dúvida o Reino de Deus chegou até vós" (Lc 11,20), lógion tido por um dos mais autênticos dos evangelhos. Sente-se tão identificado com o Reino que a pertença a ele exige adesão a Jesus (Lc 12,8-9). O que seja Reino em concreto se revela em sua própria práxis, como pro-existência, ser-para-os-outros, livre e libertada geradora de um processo de libertação e provocadora de um conflito com os fechamentos sociais e pessoais dos atores históricos daquele tempo.

4. O Jesus histórico se moveu dentro de uma atmosfera cultural comum aos seus contemporâneos. Assumiu um dos sistemas prevalentes que era a apocalíptica com o código e as chaves que ela instrumentalizava, especialmente esta do Reino de Deus e da iminência da intervenção divi-

na. Muitos textos indiscutivelmente jesuânicos são devedores da mentalidade apocalíptica do tempo (cf. Lc 22,29-30; Mt 19,28; Mc 13,30; 10,23).

Neste contexto referimos dois textos de fundamental importância, para mostrar a consciência de Jesus. Ambos se dão no contexto da última ceia que o Senhor celebrou entre nós:

Mc 14,25: "Em verdade vos digo: não mais beberei do fruto da vide até aquele dia em que o beba de novo no Reino de Deus". E o outro de Lucas também num contexto eucarístico:

Lc 22,15-19a.29: "Tendo desejado ardentemente comer convosco esta Páscoa, antes de sofrer, digo-vos: de agora em diante não tornarei a comê-la, até que ela se cumpra no Reino de Deus. E recebendo o cálice, deu graças e disse: Tomai e distribuí-o entre vós, pois digo-vos: já não tornarei a beber do fruto da videira até que venha o Reino de Deus... Eu, pois, vos entrego o Reino, como meu Pai mo entregou a mim, para que comais e bebais à minha mesa no meu Reino e vos senteis sobre tronos, julgando as doze tribos de Israel".

Como já dissemos anteriormente, a última ceia possui um eminente sentido escatológico. Simboliza e antecipa a grande ceia de Deus, na nova ordem das coisas (Reino). Como veremos mais tarde, pão e vinho não simbolizavam, a esta altura, o corpo e o sangue de Jesus que seriam sacrificados (isso descobrirá a comunidade primitiva, quando já viveu a morte e a ressurreição de Jesus), mas simplesmente a ceia. Dentro de uma ceia judaica, onde já havia o pão e o vinho, estes representam o banquete no céu. Daí que, logicamente, Jesus diga: "Eu vos entrego o Reino (ceia celestial)... para que comais e bebais". O pão e o vinho simbolizavam a Ceia-Reino.

Estes dois textos de Marcos e de Lucas não possuem nenhuma conexão orgânica com a vida da Igreja, mas somente com Jesus. E é até de estranhar que nos foram conservados, sem interpretação teológica da comunidade primitiva, o que leva a crer com muita certeza de que esta mentalidade escatológica de Jesus possui um fundo histórico, em parte, respeitado pelos primeiros teólogos cristãos.

Mediante o código apocalíptico se traduziu, de forma muito adequada, o utópico e a dimensão totalizadora e universal da libertação. Esta é que efetivamente importa; não tanto o instrumental linguístico, onírico e cultural que a veiculou.

Segundo estes textos, portanto, Jesus viveu a efervescência da irrupção iminente. Que depois teve que dar-se conta, lentamente, de que o Reino não vinha, mas a morte, isso constitui o motivo de seu brado na cruz e razão de total entrega a Deus. Viu se destruírem todas as representações que se fazia do Reino e de sua atuação em função do Reino; entretanto foi maior que as representações. Não sucumbiu a elas. Manteve sua fidelidade a Deus.

5. No sistema apocalíptico havia um tema assaz importante: o da grande tentação. Dela nos falam as passagens apocalípticas do NT e do Apocalipse de São João. Segundo este tema, no final dos tempos, quando o Reino estava para irromper, dar-se-ia o derradeiro grande confronto entre o Messias e seus inimigos. O próprio demônio instiga a grande tentação. Há que armar-se contra ela para não cair. E se Deus não interviesse até os bons sucumbiriam. O Messias

seria perseguido; seria colocado em extremo apuro. Mas no ponto mais crucial interviria Deus, libertaria o Messias e inauguraria o Reino.

K.G. Kuhn mostrou muito bem que esta concepção se encontra como pano de fundo na tentação de Jesus no Getsêmani. Por ela não se deve entender a dúvida interna de Jesus, a incerteza do fim, mas a representação de que em breve iria irromper a grande tentação com suas ameaças e perigos de cair. No Pai-nosso, a expressão "não nos deixeis cair em tentação" deve ser entendida no sentido da tentação apocalíptica, no final, quando se jogam todas as cartadas e tudo se decide.

Neste contexto também calham muito bem as palavras de teor jesuânico: "Tenho de ser batizado com um batismo e como estou ansioso até que ele se realize" (Lc 12,50). O contexto é da pergunta de Jesus a Tiago e a João: Podeis beber o cálice que eu beberei? (Mt 20,22; Mc 10,38). Situa-se no horizonte desta grande tentação.

O importante, entretanto, para Jesus, era ficar sempre fiel ao Pai. "Não seja o que eu quero, mas o que Tu (Pai) queres" (Mc 14,36 par).

Esperava Jesus a morte? Jesus entrevia sua possibilidade nas maquinações dos judeus e no conflito que se urdira em sua volta. Entretanto, isso, parece, não lhe constituiu problema maior. Continua a pregar com a mesma soberania e com as mesmas invectivas como se nada se passaria. Sabia-se nas mãos do Pai, de quem se sentia sempre íntimo e de quem buscava continuamente fazer a vontade. Ele o iria salvar de todos os perigos. Entretanto tinha pela frente a grande tentação, terrível e medonha, onde muitos desfaleceriam e na qual o Messias iria passar por terríveis provações. Por causa delas teme e suplica ao Pai.

Agora porém no alto da cruz sabe que a morte se aproxima. Desfaz-se a ideia da grande tentação. Percebe que o Pai quer sua morte. O grito derradeiro revela sua última grande crise. Mas a frase lucana "Pai, em tuas mãos entrego o meu espírito" (Lc 23,46) e a joaneia "Tudo está consumado" (Jo 19,30) mostram a entrega, não resignada, mas livre de Jesus ao Pai.

3. Tentativa de reconstrução do caminho do Jesus histórico

A situação atual dos textos neotestamentários, como ter-se-á evidenciado nas reflexões anteriores, vem cercada de tal forma por interpretações teológicas que já não se permite a reconstrução histórica do caminho de Jesus. O Jesus histórico só nos é acessível na mediação do Cristo de nossa fé. Em outras palavras: entre o Jesus histórico e nós existem as interpretações interessadas dos primeiros cristãos. Esta situação é objetiva e, em sua globalidade, insuperável. A fé não necessita para sua validade e vigência se apoiar na construção de um sistema histórico. Basta-lhe saber que as interpretações das quais é herdeira se apoiam num fundo geral histórico: Jesus viveu, pregou, significou a visita escatológica de Deus aos homens, foi contestado, processado e liquidado e os apóstolos testemunham que o viram ressuscitado para a Vida divina e eterna. As minúcias históricas destas várias etapas de um caminho são importantes para a fé, mas não decisivas. A comunidade de fé se interessa, propiciará estudos críticos, mas não faz depender sua adesão incondicional a Jesus Cristo da cabeça dos historiadores e das últimas hipóteses teológicas dos pensadores cristãos. Isso não significa que estas últimas sejam indiferentes. São elas que alimentam, via de regra, a fé concreta, a atualizam e a tornam viva no mundo. Mas não depende delas para a sua constituição. Somente para o seu desenvolvimento, para dar as razões de sua esperança e conscientizar as estruturas racionais de sua adesão livre.

Em consequência desta situação todas as tentativas de reconstrução do caminho histórico de Jesus possuem um valor precário, hipotético e caduco. Também a nossa. Cada geração fará esta tentativa, consoante sua situação existencial e conforme interpretar os textos do NT. Toda fé vive, concretamente, de semelhantes representações. O problema não reside em fazê-las ou não fazê-las. Sempre as fazemos. O acento reside no *como* as fazemos. No *como* se revela o nosso próprio modo de viver, nossas ânsias e nossa situação na sociedade e no mundo. Por isso coexistem tantas interpretações do caminho de Jesus quantas maneiras existem de historicizar a fé cristã. Entretanto, cada uma não pode nem deve se furtar ao confronto com os textos do NT, submeter-se a eles e fazê-los instância crítica sobre nossas interpretações e sobre nossas vidas. Uma interpretação que se esquiva a semelhante tarefa crítica não pode pretender um reconhecimento comunitário e eclesial.

Dentro dos limites assim traçados, descreveremos rapidamente o que nos parece ser o caminho histórico de Jesus de Nazaré.

1. Jesus é originário de Nazaré, na Galileia. A família pertence aos piedosos de Israel, observantes da Lei e das sa-

gradas tradições. Eles iniciaram Jesus na grande experiência de Deus. Se Jesus é o que foi e nos é dado a conhecer, devemo-lo não somente ao desígnio do Mistério, mas também a sua família. Deus não torna supérfluas as mediações; utiliza-as para engrandecimento da própria história. Ponto importante de cada família religiosa judaica consistia na leitura e meditação dos Livros Sagrados. Isso não significava apenas piedade. Era uma verdadeira escola para a vida. Aprendia-se a interpretar a vida e a história à luz de Deus. Buscava-se entender, não somente o passado, mas também o presente à luz da Palavra de Deus.

2. Foi num ambiente assim que, devemos supor (não possuímos documentos históricos para isso, mas a história não é só feita de documentos literários, senão que o próprio ritmo da vida constitui a fonte principal de conhecimento histórico), Jesus aprendeu a interpretar teologicamente os sinais de sua época. Era tempo de opressão política e religiosa. Por séculos dominavam estrangeiros em sua terra. Isso contrastava com as promessas divinas de soberania de Israel e do Reinado soberano de Javé. O povo vivia subjugado por uma interpretação mesquinha da Lei e da vontade de Deus. A soberania de Jesus face à Lei e às tradições não caíram como um raio do céu. Correspondia a todo um modo de ser de Jesus que lhe foi crescendo a partir da família e da educação que aí recebeu. Uma profunda experiência de Deus, íntima, calorosa (Abba-papaizinho), evidente, sem maiores questionamentos, repletava a vida do jovem Jesus de Nazaré.

3. O ambiente cultural de seu tempo, exacerbado pela presença de tantas contradições internas políticas e religiosas, era formado pela apocalíptica. Seu pano de fundo

vem constituído pela experiência da decadência, maldade e rebeldia deste mundo. Ele está tomado pelas forças diabólicas, inimigas de Deus. Os romanos, a paganização, o legalismo, os compromissos dos herodianos não são senão atores ou cenas de um drama, cujo verdadeiro agente é o maligno. Mas Deus resolveu intervir e pôr cabo a tudo isso. Virá o Filho do Homem sobre as nuvens. Trará o juízo de Deus, exaltará os justos, punirá os maus e inaugurará a nova ordem das coisas. A esta nova ordem se dava o nome de infinita esperança, verdadeira expectação para todo o povo (Lc 3,15): Reino de Deus. Há que preparar-se para o seu irromper. Urge a conversão para o juízo e para a salvação. Jesus participou, como homem de seu tempo, destas esperanças fundamentais. Hermeneuticamente a apocalíptica constitui um sistema articulador do utópico do homem. Seu código bizarro, especialmente os sinais anunciadores do fim e sua encenação, estão a serviço de uma grande esperança e alegria: o Senhor virá e será vitorioso. Eles traduzem o inexaurível otimismo que é o cerne de toda religião, pois que esta é matriz de esperança de salvação e de reconciliação.

4. Em sua idade adulta Jesus de Nazaré se sentiu interpelado pela pregação de João. Esta se centrava sobre o juízo iminente de Deus e da urgência da conversão como preparação para ele. Não se pode dizer que Jesus tenha sido discípulo de João, nem entretanto pode-se negar o contrário. É provável que João possuía um círculo de discípulos que o seguiam e ajudavam no batismo de penitência (Mc 2,18; Mt 11,1-2; Jo 1,35; 3,22). Jesus, segundo a versão do Evangelho de João, também chegou a batizar (3,22-36; cf. 4.1-2); não se sabe, se independentemente de João Ba-

tista ou como assistente dele. O certo é que discípulos de Jesus vieram do discipulado de João Batista (Jo 1,35-51). Certo também é a aceitação e apoio de Jesus à mensagem central do Batista: há que se fazer penitência. Isso supõe duas coisas: todo Israel e todo homem situa-se mal diante de Deus; a penitência é para acolher o dom salvador de Deus, pois Ele vem. Esta pregação de João é considerada por Jesus como "vinda do céu" (Lc 20,4).

5. Por ocasião de seu batismo por parte de João (o atual relato está cheio de teologia, com retroprojeções da glória do Ressuscitado), Jesus teve uma experiência profética decisiva. Ficou-lhe claro que a história da salvação estava ligada a Ele. Com Ele se decidirá tudo. Segue o seu próprio caminho que não é mais aquele de João. João pregava o juízo, Jesus o evangelho de salvação e de alegria. Um é um asceta rígido, o outro é antes acusado de comilão, bebedor de vinho e amigo de gente de má companhia como publicanos e pecadores. A parábola da criança que toca flauta na praça quer concretizar a diferença entre Jesus e o João, cada qual agindo em consonância com sua mensagem essencial de juízo rigoroso de Deus (João) ou de alegre notícia de salvação (Jesus) (Mt 11,16-19; Lc 7,31-35).

6. A alvissareira mensagem de Jesus se resume fundamentalmente: a) O Reino ansiado por todos foi aproximado, b) há que acolhê-lo pela fé nesta bela notícia e pela conversão, c) porque seu irromper é iminente, d) e é para a salvação dos homens, especialmente dos pecadores, e) porque Deus é um Pai de infinita bondade que ama indistintamente a todos, também os ingratos e maus, privilegiando os pobres, os fracos, os pequeninos e os pecadores, f) isto

tudo está condicionado à adesão a Ele, Jesus, anunciador, realizador e antecipador do Reino, do perdão e da salvação.

7. Essa mensagem de libertação é comunicada por sua palavra livre e por suas ações libertadoras. Parábolas tiradas da vida, sentenças sapienciais e logo inteligíveis caracterizam o modo de comunicação de Jesus. A forma precípua de comunicação do que seja Reino aproximado é feita entretanto por sua práxis; liberta mediante atos simbólicos e miraculosos. Seu sentido não consiste tanto em revelar seu poder divino, quanto em concretizar o que seja, no chão duro da história e da vida humilhada, o Reino de Deus em ação. Liberta principalmente desabsolutizando e desmistificando as leis e as tradições que se tornaram necrófilas, impedindo a vida de ser vida humana e incapacitando o povo a escutar a Palavra viva de Deus. O impulso de sua práxis não se orienta para segmentos da vida, como para o culto, para a piedade ritual e devocional, mas para a globalidade da vida entendida como serviço aos outros no amor. Estar sempre diante de Deus, não somente quando se vai orar e sacrificar, eis a exigência fundamental de Jesus. Com o mesmo espírito com que amamos a Deus, devemos também amar os outros. Isso não constitui moralização da vida, mas a geração de uma qualidade nova de vida; é um problema de ontologia e não de moral. Esta é consequência ou reflexão daquela.

8. O que sustenta a mensagem e a práxis de Jesus ("Ele fez tudo bem": Mc 7,37) é sua profunda experiência de Deus. Não era mais o Deus da Torá, distante e rígido. Mas é o Deus-Pai de infinita bondade, servo de toda humana criatura e simpatia graciosa e benevolente para com to-

dos, especialmente para com os ingratos e maus (Lc 6,35b). Diante deste Deus sente-se também numa distância criacional, pois ora e suplica a Ele. Por outro lado sente-se em profunda intimidade a ponto de sentir-se e chamar-se de Filho. Sente que Deus age através dele. Seu Reino manifesta-se em sua ação e vida. Comer com os pecadores, aproximar-se dos impuros e marginalizados não significa humanitarismo, mas forma de concretizar o amor de Deus e seu perdão irrestrito a todos estes que viviam em má consciência e se consideravam perdidos. Juntando-se a eles Jesus lhes dá a certeza de que Deus está com eles, os acolhe e perdoa. Em função deste amor de Deus que Jesus vive se entende o paradoxo de sua vida: por um lado liberal face à lei, às tradições e às etiquetas sociais e religiosas da época e por outro extremo radicalismo ético, como se demonstra no Sermão da Montanha. Este paradoxo se ilumina à luz da experiência de Deus de amor e bondade. Face ao amor, não se há de impor limites. Seria matar o amor. Ele é exigente: deve amar tudo e a todos. Por causa deste amor aceita entrar em conflito com a lei e com as tradições que o obstaculizam ou o amordaçam. Jesus não é contra nada, nem contra a lei, nem contra a piedade farisaica. Suas oposições nascem de um projeto novo sobre a existência, entendida à luz de uma nova experiência de Deus. A partir dela submete tudo o mais à crítica purificadora e acrisoladora.

9. O Reino não vem por um toque de mágica. É proposta que supõe uma res-posta livre do homem. Por isso o Reino é histórico e está estruturado personalmente, embora sua extensão não seja apenas pessoal. Deus não força o Reino, porque não é um Deus de violência, mas de amor

e liberdade. Daí se entende que Jesus com a mesma força com que anuncia a boa-nova do Reino prega a urgência da conversão. Um não acontece sem o outro. Conversão por sua vez não constitui apenas condição *sine qua non* do Reino. É já o próprio Reino se realizando na vida das pessoas.

10. A pregação de Jesus causou impacto e concurso de massas pela novidade e alegria que causava. Entretanto, face às exigências de troca de modo de pensar e de agir acabou por provocar uma profunda crise no povo e nos seguidores. Lentamente foi se transformando em fracasso. Jesus mesmo adverte: "Felizes os que não se escandalizam de mim" (Lc 7,18-23; Mt 11,6). As massas vão se afastando, depois, os discípulos, por fim os próprios apóstolos o ameaçam de abandono (cf. Jo 6,67). No final dá-se a assim chamada crise da Galileia (Mc 9,27ss.; Lc 9,37ss.). Jesus se deu conta de que se estava tramando seriamente contra sua vida. Lc 9,51 diz que "Ele endureceu o rosto", isto é, tomou uma resolução firme de ir a Jerusalém; "Jesus caminhava diante (dos apóstolos) deles e estavam estupefatos, e os que o acompanhavam iam cheios de medo", comenta Mc 10,32. Aí em Jerusalém devia irromper o Reino, no templo, como se cria numa corrente apocalíptica.

11. Jesus deverá ter assumido e assimilado a crise e a paulatina solidão. Fazem-se duras acusações de ser falso profeta (Mt 27,62-64; Jo 7,12), louco (Mc 3,24), impostor (Mt 27,63), subversivo (Lc 23,2.14), possesso (Mc 3,22; Jo 7,20), herege (Jo 8,48) e outras tantas. "Nenhum profeta é bem recebido em sua própria pátria", consola-se Jesus (Mc 6,4; Mt 13,57; Lc 4,24; Jo 4,44). Face a estas crises Jesus deverá ter modificado sua própria ideia sobre si mesmo.

Não ficou impassível com soberana distância sobre os fatos históricos. Inicialmente se entende como o proclamador e profeta escatológico de Deus: anuncia salvação e prega conversão. Com a resistência encontrada e com a percepção de que um fim dramático se estava armando contra ele, não modifica seu comportamento fundamental. Continua a pregar com a mesma coragem e a confiar na capacidade humana de adesão e conversão. Mas se sente como o Justo sofredor, para o qual a teologia do AT e da apocalíptica havia traçado as características. O justo, fiel a Deus e à Lei, é perseguido, humilhado e pode até ser morto, mas Deus o exaltará. Esta figura do justo e profeta sofredor se compagina bem com a atmosfera apocalíptica em que se movia Jesus.

> A morte do justo como expiação pelos pecados dos outros constituiu um tema da teologia rabínica e não apocalíptica. Segundo os rabinos, o mártir não precisava ser justo (2Mc 7,32), mas mesmo assim podia expiar pelos pecados dos outros (4Mc 6,28; 17,22). Até um criminoso condenado à morte podia expiar, mediante a aceitação livre da morte (Lohse, 38-46). Não parece que Jesus se tenha considerado Servo sofredor (contra as teses de Cullmann e J. Jeremias). Segundo F. Hahn e especialmente W. Popkes, Jesus ter-se-ia sim entregado, mas sem fazer apelo para o hino do Servo sofredor de Is 53 e sem ter consciência explícita de ser o Servo sofredor.

Muito provavelmente tenha sido esta a consciência do Jesus histórico, de se considerar o profeta e o justo sofredor (L. Ruppert). Mas esta consciência foi se articulando lentamente em sua vida, na medida em que ia experimentando a oposição e na medida em que assimilava e interpretava ele mesmo a situação.

12. Como tônica geral, os evangelhos deixam muito claro que Jesus se orientava em tudo a partir de Deus e não a partir da situação. Sua vida era uma ação originária e não uma reação à ação de outros a sua volta. Em tudo se dispunha a fazer a vontade do Pai com quem se sentia unido. Entretanto, esta vontade de Deus não significava uma espécie de filme na cabeça de Jesus, onde tudo já tivesse sido estabelecido e Ele de tudo soubesse com antecipação. Sua pregação, a insistência na conversão e todo seu engajamento sério teria sido, caso tivesse ciência prévia de tudo, um "como se", no fundo uma mera representação. Igualmente a morte seria mero teatro. Jesus era "viator" como todos os homens. Mas como profeta escatológico e justo possuía inaudita sensibilidade para o Divino e a vontade concreta de Deus. Não que a conhecesse *a priori*. Buscava-a com fidelidade e total pureza interior. Encontrava-se com ela na vida concreta que vivia como profeta ambulante, no convívio com os seus, nas disputas com os fariseus, nos encontros que tinha, na oração e meditação de Deus que o surpreendia tanto nos lírios dos campos quanto na leitura das Escrituras. Qual seria a vontade de Deus para cada momento, não o podia saber Jesus *a priori*. Mas sim assumindo a história, com todo o seu teor imprevisível, fortuito e casual. A intensidade da busca e a união íntima com Deus fazia-o sempre acolher a vontade divina: se na alegria dos apóstolos que voltam contentes de sua pregação (Mc 6,30-31; Mt 14,22), se fugindo daqueles que o queriam prender e matar (Lc 4,30; Jo 8,59; 10,39) ou mesmo no

alto da cruz com a iminência da morte. Não lhe deverá ter sido fácil assumir a vontade de Deus que, possivelmente, lhe destruía representações que se havia feito do Reino (cf. Lc 22,15-29; Mc 14,25); vemo-lo claramente na tentação do Getsêmani. Mas o importante é estar na completa audiência e obediência da vontade divina até à morte. Assim como toda sua existência era uma pró-existência, um ser-para-os-outros, assim também os sofrimentos que suportava devem ser entendidos como assumidos diante de Deus como exigência da causa que representava e em fidelidade para com todos os homens em função dos quais era profeta.

13. Vendo o fracasso na Galileia, onde atuou, vai a Jerusalém. Aí esperava a irrupção total e a vitória de sua causa. Entra com os seus em Jerusalém. Dirige-se ao templo. É aí que deve se manifestar o Reino. Mc 11,11 diz: "E Ele entrou em Jerusalém e no templo olhava detidamente tudo ao redor. E sendo já a hora tardia, saiu com os Doze para Betânia".

Cremos estar aqui diante de um texto decisivo. Ele forma uma cisura do contexto geral e constitui um dos grandes problemas exegéticos. Torna-se, porém, inteligível à luz da consciência do Profeta e Justo de Nazaré. Entra no templo: olha detidamente tudo em derredor. Pode estourar o Reino a qualquer instante, de qualquer parte do templo. E nada acontece... Jesus sai, vai para Betânia, onde tinha amigos, Lázaro, Marta e Maria.

No dia seguinte regressa. Conta-se nos evangelhos a purificação do templo. Qual teria sido seu sentido? Apenas o espírito rigoroso de Jesus? Cremos que o fato se situa dentro de sua perspectiva de vinda iminente do Reino. O

Reino não vem no templo, porque este se tornou impuro e indigno de Deus. Há que purificá-lo. Então criar-se-ia a condição para que Deus se manifestasse em sua glória para todos e inaugurasse seu senhorio sobre todas as coisas. O relato da purificação, na versão marquina, conclui com quase as mesmas palavras do relato anterior: "E quando chegava tarde, partiam para fora da cidade" (Mc 11,19).

Uma vez mais, ter-se-ia destruído uma representação de Jesus. Esse processo interior de destruição e nova construção, de morte e ressurreição, forma o processo permanente da vida humana. Também daquela de Jesus. O homem vive interpretando e interpreta vivendo. Constrói para si a significação do mundo. Livrar-se dela continuamente para estar livre para Deus e sua novidade diuturna: nisso consiste a tarefa da fé. Jesus era por excelência um homem de fé e esperança. Se fé não consiste apenas em aderir a verdades e a fatos salvíficos, mas fundamentalmente significa um modo de viver pelo qual me entrego sempre a Deus e vivo a partir dele, então Jesus foi um crente por excelência. Neste sentido Hb 12,2 diz que Jesus é "archegós" e "teleiotés" da fé (aquele que começa e termina, torna perfeita a fé). Em outras palavras, aquele que creu de tal maneira e de forma tão perfeita que se constituiu em princípio alimentador de toda a fé. E é isso porque ele mesmo creu como os exemplares do AT creram dos quais se faz a apologia no longo e inigualável capítulo 11 de Hebreus. Em razão disso é chamado de pistós (Hb 3,2 aquele que tem fé, cf. Hb 2,13 e 2,17 e 5,8 em termos de obediência que ele aprendeu: é sinônimo de fé).

A fé alimentava continuamente a vida de Jesus. À luz dela lia nos fatos que vivia a vontade concreta de Deus e a assumia.

14. No Getsêmani viveu os prenúncios da grande tentação, aquela escatológica. Vira claro: aproxima-se o grande momento onde tudo se decidirá. Teme esse momento. "A minha alma está triste até à morte" (Mc 14,34). "Vou orar" (Mc 14,32). Suplica para que se afaste "aquela hora" (Mc 14,35): "Abba, Pai, tudo te é possível. Afasta de mim este cálice, mas não se faça o que eu quero, mas o que Tu queres" (Mc 14,36). Aqui retorna a expressão técnica "aquela hora" e o "cálice". Jesus sai fortalecido da tentação. Entrega-se confiante ao desígnio secreto de Deus. Confia que Deus o irá libertar por pior que se apresente a situação.

15. Todo o relato da paixão está sob o signo da entrega: de Judas é entregue ao Sinédrio (Mc 14,10.42); do Sinédrio é entregue a Pilatos (Mc 15,1.10); de Pilatos é entregue aos soldados (Mc 15,15), e estes o entregam à morte (Mc 15,25); por fim Deus mesmo o entrega a sua própria sorte, morrendo com um grito de abandono nos lábios (Mc 14,34). Jesus se conserva sempre sereno e soberano durante todo o processo, qualidade esta bem-notada pelos evangelhos. Não é estoicismo. É confiança na entrega absoluta a Deus. Segue o caminho do Mistério qualquer que ele seja.

16. Que sentido Jesus deu a sua morte? Aquele que Ele deu à vida. Entendeu a vida não como algo para se viver e desfrutar para si, mas como serviço aos outros. A diaconia constituiu um traço característico de Jesus. Como São Marcos bem o resume: "fez tudo bem feito, fez ouvir os surdos e falar os mudos" (Mc 7,37). Um teólogo moderno diz com acerto: "Com toda a probabilidade a pesquisa atual neotestamentária pode dizer: Jesus não entendeu sua morte como sacrifício expiatório, nem como satisfação, nem como resgate. Nem estava em sua intenção precisamente median-

te sua morte redimir os homens. A redenção dos homens dependia, na mente de Jesus, da aceitação de seu Deus e do modo de viver para os outros, como ele lhes pregava e mesmo vivia. Salvação e redenção não dependiam, para Jesus, de sua futura morte, mas do fato de eles se deixarem penetrar por Deus, universalmente bom, revelado por Jesus. Isso deveria levar os homens a um comportamento correspondente face ao próximo, fazendo-os livres e libertados. Brevemente, a redenção viria mediante o amor que passa às obras e que nasce de uma fé confiante em Deus (Gl 5,6)" (H. Kessler, 25).

A redenção, pois, não depende de um ponto matemático da vida de Jesus, de sua morte. Toda vida de Jesus é redentora. A morte é redentora na medida em que está dentro de sua vida. A morte foi assumida como assumiu todas as coisas, vindas de Deus. Evidentemente, como a morte possui antropologicamente um significado qualitativo eminente, porque significa a culminância da vida, devemos dizer que ela representou para Jesus o ápice de sua pró-existência e de seu ser-para-os-outros. Com total intensidade e liberdade, viveu a morte como entrega a Deus e aos homens que amou até o fim (cf. Jo 17,1). Neste preciso sentido significa a culminância do serviço de Jesus, como toda a sua vida o foi. Ela possui uma tal plenitude humana que conserva um valor em si mesmo. Mas esse momento não esgota o valor e a intenção salvífica de Jesus.

4. O significado transcendente da morte humana de Jesus

Se os motivos que conduziram Jesus ao processo e à morte foram banais, motivos de segurança, de egoísmo e de esclerosamento de um sistema, sua morte, porém, não foi nada banal. Nela transluz toda a grandeza de Jesus. Ele fez da própria opressão caminho de libertação. A partir de um certo momento (crise da Galileia) Ele contava com um drama contra sua vida. A morte de João Batista não lhe ficara desconhecida (Mc 6,14-29). Sabe do destino reservado a todos os profetas (Mt 23,37; Lc 13,33-34; At 2,23) e se entende nesta mesma linha. Por isso não foi ingenuamente à morte. Não que a buscasse e a quisesse. Os evangelhos mostram como se escondia (cf. Jo 11,57; 12,36; 18,2; Lc 21,37) e evitava os fariseus que muito o importunavam (Mc 7,24; 8,13; cf. Mt 12,15; 14,13). Mas como todo homem justo, estava pronto para sacrificar sua vida, caso fosse necessário, para testemunhar sua verdade (cf. Jo 18,37), embora em sua mentalidade apocalíptica esperava ser libertado por Deus. Ele buscava a conversão dos judeus. Mesmo sentindo-se só e isolado não conheceu a resignação ou compromisso com a situação para sobreviver. Ficou fiel à sua verdade até o fim, mesmo que implicasse o maior perigo. O perigo é querido e abraçado livremente, não como fatalidade histórica, mas como liberdade que põe em risco a própria vida para testemunhar sua mensagem. "Ninguém me tira a vida: eu a dou por mim mesmo" (Jo 10,18). A morte não é castigo, é testemunho; não é fatalidade, é liberdade. Não teme a morte, nem age sob o medo da morte. Vive e age apesar da morte, mesmo que ela seja exigida, porque o vigor e a inspiração da vida e de sua atuação não é o medo da morte, mas o compromisso com a vontade do Pai, lida na concretez da vida, e o compromisso com sua mensagem de libertação para os irmãos.

O profeta e o justo, como Jesus, que morre pela justiça e pela verdade, denunciam o mal deste mundo e põem em xeque os sistemas fechados que pretendem monopolizar a verdade e o bem. Esse fechamento monopolístico é o pecado do mundo. Cristo morreu por causa deste pecado, banal e estruturado. Sua reação não foi dentro do esquema de seus inimigos. Vítima da opressão e da violência, não usou da violência e da opressão para se impor. *O ódio pode matar, mas ele não pode definir o sentido que aquele que morre dá à sua própria morte* (Duquoc, 204). Cristo definiu o sentido de sua morte em termos de amor, doação, sacrifício livre, feito para os que o matavam e para todos os homens. O profeta de Nazaré que morre era simultaneamente o Filho de Deus, realidade que para a fé só ficou realmente lúcida após a ressurreição. Como Filho de Deus, não fez uso do poder divino, capaz de modificar todas as situações. Ele não testemunhou o poder como dominação, pois esta constitui o caráter diabólico do poder, gerador de opressão e de obstáculos à comunhão. Testemunha o poder verdadeiro de Deus que é o amor. Esse amor é que liberta, solidariza os homens e os abre para o lídimo processo de libertação. Esse amor exclui toda violência e opressão, mesmo para se impor. Sua eficácia não é a eficácia da violência que modifica situações e elimina homens. Esta aparente eficácia da violência não consegue romper com a espiral da opressão. Amar possui uma eficácia própria, que não é imediatamente visível e destacável: é a coragem que gera sacrifício da própria vida por amor e a certeza de que o futuro está na balança do direito, da justiça, do amor e da fraternidade e não do lado da opressão, da vingança e da injustiça. Não é de estranhar, como a experiência dos séculos e da história recente o comprova, que os matadores dos profetas e dos justos se tornam tanto mais violentos quanto mais pressentem sua derrota; a iniquidade da injustiça dessolidariza os próprios maus e separa os próprios matadores. Deus não faz, se o homem, em sua liberdade, não quer. O Reino é processo no qual o homem deve participar. Se se negar, não será pela violência, mas pelo amor sacrificado, que o homem continua sendo convidado a aderir: "se for levantado da terra, atrairei todos a mim" (Jo 12,32).

A morte de Cristo, independentemente da luz advinda da ressurreição, possui um sentido que está em coerência com a vida levada por Ele. Todos aqueles que, como Jesus, fazem exigências de mais justiça, mais amor, mais direito para os oprimidos e mais liberdade para Deus, devem contar com a contestação e com o perigo de liquidação. A morte é vencida, enquanto ela não é mais feita o espantalho que amendrotava o homem e o impedia de viver e proclamar a verdade. Ela é aceita e inserida no projeto do homem justo e do profeta verdadeiro. Pode-se e deve-se contar com ela. A grandeza de Jesus foi de, apesar da contestação e da condenação, não se deixar tomar pelo comodismo. Mesmo sentindo-se na cruz abandonado por Deus a quem sempre servira, não se entrega à resignação. Perdoa, continua a crer e a esperar. Entrega-se, no paroxismo do fracasso, às mãos do Pai misterioso em quem reside o Sentido último do absurdo da morte do Inocente. No auge do desespero e do abandono se revela o auge da confiança e da entrega ao Pai. Não possui mais apoio nenhum nele mesmo ou na sua obra. Só em Deus se apoia e só em Deus pode repousar sua esperança. Esperança assim já transcende os limites da própria morte. É a obra perfeita da libertação: libertou-se totalmente de si mesmo para ser todo de Deus. Se, como diz Bonhoeffer, Sócrates nos libertou do morrer por sua serenidade e soberania, Cristo fez muito mais: libertou-nos da morte. Seu morrer beirou às raias do desespero. Mas sua entrega em favor dos homens e de Deus foi tão irrestrita e total que venceu o império da morte. É o que significa a ressurreição irrompida no coração mesmo da aniquilação.

IV. A RESSURREIÇÃO COMO O DERRADEIRO SENTIDO DA MORTE DE CRISTO

As reflexões que articulamos acima tentaram apontar o processo de libertação encaminhado por Jesus Cristo em todas as dimensões de sua vida. Enquanto é processo, a libertação possui, inevitavelmente, um caráter parcial; o processo está em aberto, para onde desembocará? De que ele é antecipação? Se Cristo se tivesse restringido a esse processo, não teria sido proclamado como o libertador universal porque a libertação não seria total, mas apenas parcial. Libertação verdadeira e digna deste nome deve possuir um caráter de totalidade e de universalidade. A totalidade da libertação se deu com a ressurreição. Por ela, a verdade utópica do Reino se torna tópica e advento da certeza de que o processo de libertação não permanece numa indefinida circularidade de opressão-libertação, mas que desemboca numa total e exaustiva libertação. Ressurreição não é um fenômeno de fisiologia celular e de biologia humana: Cristo não foi reanimado para o tipo de vida que possuía antes. Ressurreição significa a entronização total da realidade humana (espírito-corporal) na atmosfera divina e por isso completa hominização e libertação. Por ela, a história, na figura de Jesus, alcançou seu termo. Por isso, pode ser apresentada como a libertação completa do homem.

A morte é vencida e se inaugura um tipo de vida humana não mais regida pelos mecanismos de desgaste e de morte, mas vivificada pela própria vida divina. Neste sentido, a ressurreição possui o significado de um protesto contra a "justiça" e o "direito" pelos quais Cristo foi condenado. É um protesto contra o sentido meramente imanente deste mundo, com sua ordem e suas leis, que acabaram por rejeitar aquele que Deus, pela ressurreição, confirmou. A ressurreição é destarte matriz de esperança libertadora que ultrapassa esse mundo dominado pelo espectro de morte.

Com acerto diz James Cone, reconhecido teólogo da teologia negra de libertação: "A ressurreição de Cristo é a manifestação de que a opressão não derrota Deus, senão que Deus a transforma em possibilidade de liberdade. Para os homens que vivem numa sociedade opressora, isto significa que não devem conduzir-se como se a morte fosse a última realidade. Deus em Cristo nos libertou da morte e agora podemos viver sem preocupar-nos pelo ostracismo social, a insegurança econômica ou a morte política. Em Cristo, Deus imortal degustou a morte e, fazendo-o, destruiu a morte" *(Teologia negra,* 148). Quem ressuscitou foi o Crucificado; quem liberta é o Servo Sofredor e o Oprimido. Viver a libertação da morte significa não mais deixar que ela seja a última palavra da vida e determine todos os nossos atos e atitudes com medo de sermos mortos. A ressurreição mostrou que viver pela verdade e pela justiça não é sem sentido; que ao oprimido e liquidado está reservada a Vida que se manifestou em Jesus Cristo. A partir disso pode cobrar coragem e viver a liberdade dos filhos de Deus sem estar subjugado pelas forças inibidoras da morte.

A partir da ressurreição os evangelistas puderam reler a morte do profeta mártir Jesus de Nazaré. Não era mais a morte como as demais mortes, por mais heroicas que possam ter sido. Era a morte do Filho de Deus e do Enviado do Pai. O conflito não era apenas entre a liberdade de Jesus e a observância legalística da Lei: era o conflito entre o Reino do homem decaído e o Reino de Deus. A cruz não é apenas o suplício mais vergonhoso do tempo: é o símbolo daquilo que o homem pode, com sua piedade (foram os piedosos que condenaram Jesus), com seu zelo fanático por Deus, com sua dogmática fechada e sua revelação reduzida à fixação de um texto. Por isso ela pareceu a Cristo, que sempre viveu a partir de Deus, como repugnante e absurda (cf. Hb 5,7). Assumindo-a apesar disso, ele a transformou em sinal de libertação onerosa exatamente daquilo que provocou a cruz: o fechamento autossuficiente, a mesquinharia e o espírito de vingança. A ressurreição não é apenas evento glorificador e justificador de Jesus Cristo e da verdade de suas atitudes, mas a manifestação do que é Reino de Deus em sua plenitude como epifania do futuro prometido por Deus. É a amostragem daquilo que o homem pode esperar e que lhe foi prometido por Deus.

Todas estas dimensões descobertas na vida e morte de Cristo à luz da ressurreição entraram na elaboração dos relatos evangélicos. Por isso, por um lado se narram fatos, por outro se imprime neles um significado profundo que vai além da pura historicidade fatual. Caso não distinguirmos esses dois níveis, como o fizemos acima em nossas reflexões, o sentido profundo da vida e morte de Cristo parece abstrato e sem suporte na realidade.

A descoberta, feita pela ressurreição, de que o Oprimido foi o Libertador, motivou uma leitura muito significativa da infância e da atividade de Jesus. O nascimento de Jesus, como o mostram bem os Sinóticos, expressa a identificação do Oprimido-libertador com os oprimidos na terra: os pastores, os inocentes mortos, os reis pagãos. Jesus aparece já como um Oprimido: "pois para Ele não havia lugar na estalagem" (Lc 2,7). A situação pobre social e economicamente dos pais de Jesus é acentuada, exatamente nesta perspectiva de identificação com os pobres e humilhados. Para a comunidade primitiva que lia e meditava estes relatos significava: a messianidade de Jesus está ligada à humilhação; os humilhados e ofendidos podem se sentir consolados porque também o Messias foi um deles. Através disso e não apesar disso Ele é o Libertador messiânico. Esta mesma perspectiva é desenvolvida pelos evangelistas quando narram o ministério público de Jesus e seu convívio com os marginalizados do tempo. Ao lado do interesse histórico, preside a preocupação teológica: ele também se identificou com esses sofredores e pisoteados e carregou seu fardo, libertando-os para uma nova solidariedade.

Assim toda a vida, a atividade, a morte e a ressurreição de Cristo ganham um significado libertador, presente já na faticidade superficial dos eventos, mas totalmente revelado só após a explosão da ressurreição. Esta proporcionou uma releitura profunda dos mesmos fatos, detectando-lhes seu significado profundo, transcendente, exemplar e universal. Somente em conexão com a vida anterior e a morte, a ressurreição possui seu significado garantido; caso contrário vira mitologia pagã ou ideologia moderna de um futuro reconciliado sem a conversão das maldades históricas. Ela, em Jesus, significa a vitória da vida, do direito do oprimido e da justiça do fraco.

V. INTERPRETAÇÕES DA MORTE DE CRISTO NAS PRIMITIVAS COMUNIDADES CRISTÃS

A morte de Cristo quebrou a comunidade que se reunira ao seu redor. Não apenas frustrou as esperanças como também destruiu a fé primeira que os discípulos tiveram. Mc 15,50 (fuga dos discípulos), Lc 24,21 (os jovens de Emaús retratam a decepção face à salvação de Israel que esperavam de Jesus) e Jo 20,19 (medo dos discípulos diante dos judeus) são testemunhas disto. Após a prisão e morte de Cristo não se detiveram em Jerusalém; para isso faltavam as condições de vida, o medo de serem presos. As aparições, historicamente, deram-se primeiramente na Galileia. O que supõe que os apóstolos já se encontravam lá, de volta aos seus afazeres.

Para dar uma interpretação à morte de Jesus, foi preciso que ocorresse uma experiência especial: a ressurreição. Por ela se deram conta de que aquele que, pela morte, parecia ter sido abandonado por Deus, na verdade não o tinha sido. A ressurreição mostra que Deus estava com Ele. Por isso ressurreição foi logo entendida como elevação do Justo à direita de Deus e entronização no Reino e na glória. Deus o justificou e lhe deu razão a Ele e a sua mensagem.

A ressurreição os fez constituir novamente comunidade e superar o fosso cavado pela morte. Recuperaram a fé no Senhor. A Igreja nasce da fé e na fé na ressurreição.

O que se colocava era o seguinte: Como combinar o paradoxo: morte-maldição de Jesus (cf. Dt 21,23) e ressurreição-glória como fatos que têm em Deus a mesma origem? Como combinar o Deus que abandonou Jesus na cruz com o Deus que se revelou estar ao seu lado na ressurreição?

Para responder a isso, fez-se teologia e foi preciso muito tempo de reflexão. Vejamos os passos que vão da Igreja judeu-cristã até a sua explicitação plena na teologia paulina.

1. O destino comum dos profetas e dos justos: a morte violenta

Havia nos primeiros anos após a morte de Cristo um pequeno grupo de cristãos na Palestina que via a redenção trazida por Jesus num comportamento novo trazido e possibilitado por Jesus Cristo face ao mundo e aos demais homens, comportamento traduzido em termos de amor universal, até os inimigos, renúncia à violência, misericórdia e renúncia ao julgamento dos outros; pregação da mensagem acerca do Reino; espera pela sua próxima vinda como Filho do Homem de Daniel.

É a comunidade da *Spruchquelle* ou simplesmente da *Q* (*fonte* anterior aos atuais evangelhos, utilizada por Mateus e Lucas). Trata-se de judeus cristãos que permaneciam fiéis às tradições judaicas, à observância até o último jota da Lei (Mt 5,18 par), observavam o culto do templo e não tinham nenhuma perspectiva missionária ainda, a não ser aquela de converter Israel à causa de Jesus Cristo; com isso provocariam a vinda de todas as nações a Jerusalém (cf. Is 2,2-5; Mt 8,10 par).

A *Quelle*, a segunda fonte inspiradora (a primeira é Marcos) donde beberam Lucas e Mateus, caracteriza-se pelo fato de conter somente ditos e parábolas de Jesus. Nela não há nenhum relato da paixão, seja porque era suposto, seja porque ainda não se havia elaborado uma interpretação da morte de Jesus.

Os temas centrais, como se disse acima, são os tipicamente jesuânicos: a vinda do Reino de Deus (Lc 11,20 par; Mt 13,31ss.) e a entrada nele (Mt 8,11). A vinda próxima do Filho do Homem. Para isso urge-se a conversão como preparação para o fim iminente.

Esta comunidade entende Jesus como o último mensageiro e profeta escatológico do Reino próximo.

A morte de Cristo é entendida por este grupo como destino de todo profeta (Lc 11,49ss.; Lc 13,14; 1Ts 2,14; At 7,51ss.) : é morto e liquidado como aconteceu sempre na história de Israel. Jesus não faz exceção. Por isso sua morte não necessita de especial sentido. Este já vem dado pelo destino dos profetas. Nesta interpretação o acento não cai sobre o atingido pela morte, mas sobre quem inflige a morte. A morte de Jesus revela a rejeição de Israel e sua falta de conversão. Essa rejeição do Enviado profético ganha sua inteira relevância: Ele vem novamente. Mas para o juízo! Sua rejeição significa por isso perdição no juízo que está próximo (Lc 12,8 par).

A comunidade primitiva começava a sentir também perseguição por causa de sua atividade pregadora, quem sabe até prisões e mortes. Entendia-se no seguimento de Jesus Cristo e reproduzia em suas vidas o que se passara com Jesus. Daí se entendem os *logia:* "Felizes sois vós quando os homens vos odiarem... por causa do Filho do homem... Pois exatamente assim fizeram vossos pais aos profetas" (Lc 6,22). Para os que estão de fora dirigem-se as palavras: "enviar-lhes-ei profetas e apóstolos: a uns matarão, perseguirão a outros, para que a esta geração se peça conta do sangue de todos os profetas que foi derramado desde o começo do mundo, desde o sangue de Abel até o sangue de Zacarias. Sim, eu vos digo, pedir-se-ão contas a esta geração" (Lc 11,45-51). Ao mesmo tempo que esta comunidade interpretava a morte de Cristo como a de um profeta, entendia-se ela também no seguimento de Jesus Cristo, num paralelo a Ele.

2. O Messias crucificado

Em outros círculos de cristãos da Igreja primitiva se iniciou muito cedo a se refletir sobre o significado da morte de Cristo. Isso especialmente numa perspectiva apologética ao interior da própria fé e ao exterior dela, como resposta às objeções dos judeus. Ao interior da própria fé: constituía um desafio teológico muito grande para a comunidade situar Jesus dentro da história da salvação e das esperanças da única Escritura que possuíam, o Antigo Testamento. Ansiava-se por um Messias glorioso e triunfante. O estraçalhado na cruz não era a imagem de Messias que o povo e os apóstolos exatamente esperavam. Não estaria perdido no final aquele que tentou livrar outros da perdição? A cruz era argumento contra a messianidade de Jesus. Os textos de Is 53 sobre o Servo sofredor não eram ainda interpretados em função de Cristo, porque não havia exegese tradicional nessa direção. Antes, poderia ser símbolo de Israel todo no exílio, entre as nações. Mas jamais seria esta a figura do Messias.

Esta dificuldade interna se agravava externamente: os judeus argumentavam com Dt 21,23 sobre a maldição do elevado à cruz para fulminar as pretensões cristãs acerca da messianidade de Jesus. Que isso supõe polêmica, basta recordar Gl 3,13, onde Paulo reassume o problema e inverte os termos: Ele se fez precisamente maldição para nos libertar da maldição de nossos pecados. Isso prova e não nega sua messianidade.

Para mostrar que a morte e a cruz não eram absurdas, relatos delas são feitos em referência constante com textos da Escritura. Isso significa: por mais paradoxal que seja o caminho de Jesus Cristo, ele é conforme às Escrituras e por isso baliza um caminho querido por Deus e daí cheio de sentido.

As referências à morte sempre estão relacionadas com a ressurreição. Com isso se queria insinuar: só de fora, numa visão exterior, a morte é absurda e parece contradizer a messianidade de Jesus. Numa dimensão mais profunda, Deus não o abandonou. Estava com Ele no sofrimento e na morte; não o abandonou, permaneceu com Ele na morte, de tal forma que a ressurreição mostrou a presença de Deus nele. A ressurreição revela o escondido: o que era escandaloso para os outros se iluminou pela ressurreição. As profecias da morte e da ressurreição querem deixar isso bem claro. Começou-se a ver tudo a partir de Deus: a atuação de Jesus, sua atividade missionária, sua morte e sua ressurreição. Deus estava agindo salvificamente em

Jesus, no seu caminho, não exclusivamente na morte, mas em tudo o que lhe aconteceu, fez, falou e viveu. Em tudo, mesmo na morte. Aí aparece o plano de Deus que é um e único: de redimir os homens por Jesus Cristo. Esse plano não é prejudicado pela recusa dos judeus. Apenas "obriga" ("devia" histórico-salvífico) a Deus a fazer sofrer seu Filho. Mas Ele pode sofrer sem trair a Deus e os homens. Então Deus salva.

Deus não quer diretamente a morte de Cristo. Quer sua fidelidade até o fim. Ora, esta pode implicar a morte. A morte de Cristo, portanto, está inserida dentro da trama histórica onde vigora a estrutura ambígua do mal e do bem. Por um lado ela é uma acusação da maldade dos homens que causaram a morte a Cristo, por outro ela é símbolo de um amor mais forte que a morte. Para viver este amor até o fim, Jesus não recuou face à morte. Assumiu a morte não como fardo do qual não se podia libertar. Assumiu-a na liberdade, como pertencendo à fidelidade de sua missão, vivida até à radicalidade.

Nesta luz se elaboraram na comunidade as assim chamadas profecias da morte e ressurreição de Jesus Cristo (Mc 8,31; 9,31; 10,33 par) e colocadas em sua boca. Embora não se possa entrar aqui em análises pormenorizadas, podemos dizer que elas, muito provavelmente, são de origem pós-pascal; representam a tentativa teológica de, à luz do plano de Deus, como acima referimos, dar sentido e inserir logicamente a morte de Cristo. Aqui entra já a luz iluminadora da ressurreição. Além disso, nas profecias do sofrimento há uma aura escatológica porque se referem ao sofrimento do Filho do Homem. É um fato escatológico e corresponde a um juízo escatológico. Juízo sobre a dureza do coração dos judeus e juízo sobre o culto da lei como caminho de salvação. O Filho do Homem julgado pelos homens mostra-se paradoxalmente como o Juiz dos homens.

3. A morte como expiação e sacrifício

Em muitos textos do NT encontramos interpretações da morte de Cristo, articuladas dentro da temática da expiação, do sacrifício e do resgate. Ao pensarmos nestes temas, logo associamos o sofrimento expiador do Servo sofredor de Javé de Is 52,13–53,12. Comumente na teologia e na piedade se pensava que esses textos estivessem sempre presentes na consciência de Jesus. A morte de Cristo é geralmente entendida como morte por nossos pecados e em expiação pelo pecado do mundo. Isto constitui uma das grandes evidências da fé cristã. Contudo, atrás destas formulações da fé, esconde-se todo um trabalho teológico lento e penoso. O texto de Is 53 é muito claro:

"(O Servo) era desprezado, era a escória da humanidade, homem das dores, experimentado no sofrimento, como pessoa da qual se desvia o rosto, desprezível e sem valor para nós. No entanto, Ele tomou sobre si nossas enfermidades e carregou-se com as nossas dores. Nós o julgávamos como um castigado, como um homem ferido por Deus e humilhado. Mas foi castigado por nossos crimes e esmagado por nossas iniquidades; o castigo que nos salva pesou sobre ele; fomos curados graças aos seus sofrimentos... O Senhor fez recair sobre ele o castigo das faltas de todos nós... morto pelo pecado de seu povo... Se ele oferecer sua vida em sacrifício expiatório terá uma posteridade duradoura, prolongará seus dias e a vontade do Senhor será por ele realizada... O Justo, meu Servo, justificará a muitos homens e tomará sobre si suas iniquidades... porque Ele próprio deu sua vida e deixou-se colocar entre os criminosos, tomando sobre si os pecados de muitos homens e intercedendo pelos culpados" (Is 53,3-12).

Estes textos parecem corresponder de tal forma à imagem que fazemos da paixão de Jesus Cristo que nos parecem palavras proféticas. Ele realizou tudo o que aqui vem escrito.

Mas aqui surge o problema: Percebeu a comunidade primitiva, logo, o significado cristológico e messiânico destas passagens?

Estes textos de Isaías constituem a primeira prova para o valor expiatório e substitutivo do sofrimento e da morte. Provavelmente, na intenção do autor os textos se aplicavam a Israel no exílio, aniquilado como povo. Esse sofrimento não é em vão. Este capítulo desenvolveu um significado universal e substitutivo do sofrimento de Israel. Mas na literatura posterior não desempenhou qualquer outra função e ficou sem influência.

Essas passagens não tiveram, em nenhum lugar do AT, uma aplicação ao Messias. O Messias esperado não cabia de forma nenhuma dentro do modelo aqui descrito, pois aguardava-se um Messias vitorioso e senhor do universo. As aplicações de Isaías que se fizeram ao Messias, especialmente em Henoch etiópico (cf. 37-71) escrito por volta do ano 63 a.C., pintavam o Messias dentro dos quadros da expectativa geral. Por isso só se citavam os textos de Is 52,13-15: "eis que meu Servo prosperará e crescerá, elevar-se-á e será exaltado... assim o admirarão muitos povos, os reis permanecerão mudos diante dele, porque verão o que nunca lhes tinha sido contado, e observarão um prodígio inaudito".

Somente estas passagens doxológicas eram predicadas ao Messias. As demais de sua *kénose* e humilhação não eram *nunca* consideradas e até eram riscadas do texto (Kessler, 29). A partir dessa constatação podemos dizer que Is 53 não tinha uma conotação messiânica, antes de Cristo nem no tempo de Cristo.

A comunidade primitiva, entretanto, aplicou Is 53 à paixão e morte de Jesus Cristo. Mas isto não ocorreu imediatamente. At 8,32 e Mc 15,28 onde se cita Is 53 não pertencem aos textos mais antigos do NT. Ademais, os dois textos não citam as passagens de expiação. Mc 15,28 refere apenas: "e cumpriu-se a escritura que diz: foi contado entre malfeitores". Nos At 8,3 Filipe lê ao eunuco "como uma ovelha foi levado ao matadouro, e como um cordeiro sem voz ante aquele que o tosquia; Ele emudeceu e não abriu a boca; na sua humilhação foi consumado o seu juízo, a sua geração, quem a contará? Porque sua vida foi arrebatada da terra".

Como transparece: não se fazem referências à expiação ou à substituição. Isso só ocorreu num estágio posterior da reflexão teológica da comunidade. Lentamente foram descobrindo Is 53. É importante reter a constatação: no início, Is 53 não foi usado como prova de que o Jesus sofredor era o Messias, porque não existia tradição para esse argumento. A redescoberta de Is 53 não se fez meditando esses textos, mas processou-se por um outro caminho. A partir de uma etapa posterior é que se pôde reler Is 53 numa perspectiva de satisfação e expiação.

Ocupemo-nos rapidamente com a primeira etapa que permitiu a segunda, onde Is 53 ganhou um sentido messiânico de expiação e representação substitutiva.

a) Um fragmento de um hino helenístico e judeu-cristão: Rm 3,25-26a

No centro das explanações da Carta aos Romanos, Paulo recorre a uma tradição, que certamente não provinha da comunidade primitiva, mas da comunidade de judeus convertidos. Esta tradição possui um caráter litúrgico e provavelmente possuía seu *Sitz im Leben* (contexto vital) numa liturgia eucarística: "agora todos são gratuitamente justificados pela sua graça, pela redenção em Cristo Jesus, a quem Deus pôs como *sacrifício de propiciação,* mediante a fé em seu sangue, para manifestação da sua justiça; é que os pecados passados haviam sido tolerados, na paciência de Deus, para se manifestar a sua justiça no tempo presente..."

A formulação é clara: Cristo foi sacrifício de propiciação mediante sua morte (sangue). Os exegetas tentam datar esta passagem, por volta do ano 40 em Antioquia da Síria, onde havia uma comunidade cristã de judeus na diáspora (helenistas portanto). Neste ambiente judeu se escreveu também um texto que não foi assumido pelo cânon judeu (e também cristão): o 4º livro dos Macabeus.

Esse texto narra as lutas de 200 anos de judeus fervorosos sob a liderança dos irmãos Macabeus contra o Rei Antíoco IV, Epífane. Este impunha o helenismo e obrigava os judeus a abandonarem suas tradições e observâncias legais. Irrompeu perseguição. Muitos foram martirizados. Lembremos apenas o velho Eleazar e os sete irmãos Macabeus com sua intrépida mãe (4Mc 5,1-17; 42). Para os judeus isso constituía um grande problema: Que sentido tinha a morte destes inocentes que tiveram de partir, violentamente, antes do tempo? Eles morreram sem culpa pessoal. Neste contexto, lançava-se também a pergunta pelo sentido da morte de criancinhas inocentes. O 4º livro dos Macabeus tenta dar uma resposta satisfatória a essa interrogação: Eles não morreram por causa de pecados pessoais, mas morreram como substituição e como sacrifício expiatório pelo povo. Sua morte prematura, também das criancinhas, tem um sentido certo: Deus aceita sua morte como expiação pelo povo pecador que assim recebe o perdão de Deus. Na morte absurda dos inocentes via-se a ação salvadora de Deus no mundo, de tal forma que, na verdade, a morte não era mais absurda. Mas estava a serviço do perdão de Deus. Deus sempre vence. Apesar do pecado dos perseguidores, Deus não deixa que a morte violenta seja sem sentido, mas a transforma em modo de perdão, não dos perseguidores, mas do povo pecador (2Mc 6,28; 17,20-22; 18,4; 1,11).

Esta interpretação se articulou fora da Palestina, no judaísmo da Diáspora. Na Palestina a concentração dos sacrifícios expiatórios no templo, onde eram oferecidos animais e era derramado sangue, impedia semelhante interpretação. A ninguém passaria pela cabeça que a morte e o sangue de um justo pudesse ser interpretada como expiação de pecados. Sangue humano jamais era tido como sangue sacrificial e expiatório. Os judeus da Diáspora, porém, que não tinham templo, podiam usar semelhante terminologia aplicada ao sangue humano, num sentido figurado e analógico.

Por volta do ano 40, portanto uns dez anos após a morte e a ressurreição de Cristo, estes cristãos, respirando tal teologia, aplicaram tais representações à morte de Jesus. Acresce ainda que o *Sitz im Leben* desta aplicação teológica tenha sido, provavelmente, a celebração eucarística. Isso tem sua importância. Por um lado se associou a morte de Cristo como expiação pelo sangue, por outro, esta associação foi realizada em contexto de celebração eucarística, onde exatamente se recordava a ceia derradeira do Senhor e sua morte com a inauguração da nova aliança. Essa aliança evocava o sacrifício da aliança de que fala Jr 31,31ss. (comparar com Ex 24,8): "eis o sangue da aliança que o Senhor fez conosco, conforme tudo o que foi dito".

Esse motivo de expiação e sacrifício da vida pelos outros permitiu muito provavelmente a releitura de Is 53 e aplicá-la ao mistério da morte de Cristo.

b) Textos eucarísticos e temática de sacrifício

É notória a presença de motivos de sacrifício, expiação e aliança no sangue de Cristo nos textos eucarísticos: "isto é o meu corpo que é dado por vós; isto é o meu sangue que será derramado para a redenção de todos..." Estas palavras nos chegaram em quatro versões diferentes (1Cor 11,24 – Lc 22,19-20; Mc 14,22ss. – Mt 26,26ss.; Jo 6,51-58 é uma meditação posterior, por volta do ano 100). Nenhuma destas versões parece provir do Jesus histórico. Certíssimo é o fato de que Cristo celebrou uma ceia com os seus; o que Ele lá disse, não podemos saber com certeza como já analisamos anteriormente. As atuais palavras, assim como as temos, surgiram pelo menos dez anos após a última ceia e a morte do Senhor. Elas refletem diferentes liturgias eucarísticas que eram celebradas nas várias comunidades: de Lucas e Paulo por um lado, e de Marcos e Mateus por outro.

Na perspectiva que interpretava já a morte do Justo como expiação e representação em favor do povo e no círculo dos que associavam a nova aliança de Jesus em sua morte como sacrifício expiatório se criou uma associação nova. Esta permitiu vislumbrar um sentido novo e diferente da morte do Senhor. Sua morte situa-se na linha da morte dos mártires pela fé e da morte dos inocentes: ela é redentora, expiatória, sacrificial. Alcança o perdão dos pecados; inaugura uma nova aliança de Deus com seu povo, a Igreja.

Com as palavras formuladas na ceia eucarística: "isto é o meu corpo (eu) que se dá a vós; este é o cálice de meu sangue..." não se quer exprimir outra coisa senão aquela que foi a constante na vida de Jesus: Jesus foi um ser-para-os-outros; deu-se continuamente; nele Deus estava presente de forma salvadora, cheia de graça que eleva, de liberdade que constrói, manifestava uma proximidade tal com os filhos perdidos e os enjeitados que significava e trazia o perdão de Deus. A ceia fala não tanto da vida terrestre de Cristo, onde essa atitude em favor dos homens se manifestou, mas exprime-o a partir da morte, a partir, portanto, da crise que sua vida de amor provocara e que ia terminar na liquidação (cf. Jo 12). Como sua vida fora uma entrega permanente, um sacrifício para os outros, assim o é também a morte. Através destas associações teológicas, mediante os livros dos Macabeus e graças aos textos de Is 53 podia-se dizer: Pela morte expiatória de Cristo, Deus perdoa o pecado dos homens, tira o obstáculo da salvação e se aproxima salvificamente, estabelecendo uma nova aliança no sangue de Cristo.

Na ação do Jesus terrestre Deus bondoso e misericordioso se aproximava do homem e queria estabelecer uma nova comunidade (aliança) com ele: com Zaqueu, com a samaritana, com os publicanos, com todos os homens. A morte ratificou esta atitude de Jesus.

O modelo de sacrifício pelo sangue que articula a redenção de Deus em Cristo não concentra sobre si toda a ação salvífica de Deus. Esta se estende sobre toda a vida, sobre os gestos de Cristo. Tornamos a repetir o que dissemos tantas vezes: não apenas a morte, mas toda a vida de Cristo é redentora.

Estes três modelos soteriológicos patenteiam o vasto e profundo trabalho de reflexão das primitivas comunidades no sentido de desvelar o significado transcendente presente na morte de Cristo. Este sentido não caiu, como se depreende, como um raio do céu: foi sendo lentamente detectado sob a ação do Espírito Santo. A revelação de Deus não demissiona o esforço do humano; supõe-no, potencia-o e lhe garante a direção certa. São Paulo irá dar passos ainda mais significativos na revelação do aspecto salvador e libertador da morte de Jesus Cristo. Relevaremos apenas alguns aspectos, mais afins com a problemática de nosso lugar de reflexão.

4. A morte de Cristo nas reflexões teológicas de São Paulo

Na primeira fase de seu trabalho teológico Paulo está dominado pela temática da ressurreição. Testemunha disso são suas duas primeiras cartas aos Tessalonicenses, escritas no ano 49, quase 20 anos após sua conversão. A ressurreição de Cristo suscitou a esperança de ressurreição para todos e a vinda próxima do novo éon. Com cores apocalípticas, fala Paulo da expectativa da vinda do Senhor (1Ts 4,15-17). Isso gerou nele um entusiasmo quase orgiástico, dando sentido à existência por mais paradoxal que parecesse. O Espírito que é a própria presença do Ressuscitado no mundo substitui a Lei, nesse ínterim que medeia entre o agora fugaz e a vinda próxima do Senhor. O homem não é mais comandado por nada, senão pelo Espírito. Urge aguentar um pouco, esperar ardentemente, não se preocupar com as coisas deste mundo, a observância legalística e piedosa de suas ordens, porque tudo isso em breve será tragado pela vitória de Cristo.

Numa segunda fase, porém, verifica-se uma virada na teologia paulina. Isso a partir de 1 e 2Cor. Em 1Cor 2,2 diz textualmente: "Pois eu resolvi entre vós não saber coisa alguma, senão Jesus Cristo, e este crucificado". Logo no início da carta enfatiza: "Nós pregamos Cristo crucificado, escândalo para os judeus, loucura para os gentios, mas poder e sabedoria de Deus para os chamados, quer judeus, quer gregos" (1Cor 1,23-24).

O que motivou esta virada? Evidentemente a temática da ressurreição não é abandonada. Ela irá sempre constituir o cerne da teologia paulina, porque ele só conheceu o Ressuscitado. E seu trabalho teológico, no fundo, resume-se em traduzir para o mundo o significado latente do que significa ressurreição. Tira daí todas as consequências, face ao passado, com o abandono do judaísmo, face ao futuro, com a inauguração do novo homem, do novo céu e da nova terra. Sempre que fala da morte de Cristo é numa correlação com a ressurreição. Aquele que foi morto, este foi ressuscitado e vive.

Problemas concretos nas comunidades ameaçavam exatamente este conteúdo teológico da ressurreição. A temática da ressurreição estava se tornando ópio, matriz de um entusiasmo que pervertia a vida e invertia todas as normas. São vários inimigos que Paulo encontra e que falsificam a boa-nova da ressurreição. Nas concepções deles não cabia a cruz com toda **a** mística de kénose, de humildade e de ascese que ela implica.

Acresce ainda que para os cidadãos romanos e gregos convertidos aderir a Jesus crucificado era um verdadeiro escândalo. Equivaleria à veneração e adoração de um condenado à câmara de gás por graves atentados à humanidade. Por isso, tentavam esses cristãos ignorar e mesmo recalcar a temática da cruz.

Paulo se vê obrigado a elaborar uma teologia da cruz. Sua teologia é nascida de uma situação muito concreta, ligada a discussões na comunidade. Se não tivesse havido tais problemas, talvez Paulo jamais iria tematizar a problemática da cruz. Ela portanto não é um tema em si. O tema principal é a ressurreição que inaugurou a novidade do mundo. Mas seu pano de fundo é a morte. Só com este pano de fundo tem sentido falar em ressurreição. Caso contrário seria mitologia grega. Não haveria nada de novo. Por isso, cedo ou tarde, na elaboração teológica iria surgir esta problemática da cruz. Mas em concreto ela foi motivada devido a algumas distorções que se verificaram nas comunidades de Corinto. Nesta confrontação de Paulo com seus inimigos teológicos aparece o significado dado por ele à morte de Cristo.

Iremos expor esta teologia dentro do contexto da polêmica. As cartas de Paulo, à exceção talvez daquela aos Romanos, são cartas ocasionais, muito ligadas à problemática concreta. É uma teologia engajada, pouco sistemática, funcional. Isso não significa que ela não tenha por fundo um pensar sistemático. Paulo era um teólogo de extraordinário porte, mas nunca elaborou sua síntese sistematicamente. As várias intervenções situacionais nos deixam entrever seu edifício teológico com extraordinária arquitetura.

a) A liberdade não é de outros, mas para os outros

Na Primeira Epístola aos Coríntios Paulo encontra teologuinhos, gente que se converteu à fé mediante a pregação paulina, mas que distorceu intuições teológicas suas. Afirmavam: já não haverá mais ressurreição. Nós já somos agora ressuscitados. A recepção do Pneuma no batismo (1Cor 6,11) era representada de forma tão concreta que se consideravam já ressuscitados e todos pneumáticos (1Cor 2,13ss.; 3,1; 12,1; 14,37). Documentavam a posse do Espírito de ressurreição com carismas espirituais e de sabedoria (1,20; 2,1.4-13; 12,8), glossolalia e êxtases (12,10; 13,1; 14,2ss.). Estes que possuíam os carismas se vangloriavam, viviam num entusiasmo quase fanático. Eram chamados "psíquicos" (espirituais: 2,14) e se distinguiam dos carnais ou imaturos (3,3; 13,11). Os espirituais se imaginavam já na plenitude e na ressurreição: por isso são já sábios (1,26; 3,18; 6,5), fanfarronam e ofendem os outros menos espirituais ou ainda carnais (8,1.10; 13,2.8), julgam-se os perfeitos (2,6; 13,10; 14,20). Não creem numa futura ressurreição, porque ela já aconteceu (15,12; cf. 2Tm 2,18). Daí não se importam mais com o Jesus terreno e crucificado. Interessam-se só pelo Ressuscitado e amaldiçoam até o Jesus segundo a carne (12,3). Paulo mesmo, mas num outro horizonte, podia dizer que o Jesus katà sárka (segundo a carne) não lhe interessa muito, mas sim o Jesus katà Pneuma, segundo o Espírito (2Cor 5,6). Mas isso se havia desvirtuado numa ideologia de autopromoção e magnificação.

Em nome da ressurreição já acontecida postulavam plena liberdade (9,1.19; 10,29; cf. 7,21s.); tudo lhes era permitido (6,12; 10,23). Não admira, pois, que considerassem a moral já superada: o filho podia dormir com a própria mãe, frequentavam as prostitutas (6,13ss.), participavam dos sacrifícios pagãos e comiam das carnes sacrificadas (8,1ss.; 10,23ss.); passavam por cima dos outros mais fracos como passavam por cima do próprio Jesus fraco e crucificado.

Aquilo que Paulo esperava para o futuro próximo, esses helenistas convertidos traduziam numa escatologia presente, num entusiasmo psíquico sobre uma plenitude e perfeição já alcançada.

Paulo responde com uma argumentação arrasadora, refutando ponto por ponto, à luz de uma teologia da cruz e do Cristo crucificado: *Christós stauroménos*. A cruz denuncia esta fanfarronice, desmascara esta demonstração de potência própria e de perfeição farisaica. A cruz mostra o que é toda a bondade do mundo: loucura e esterco. Se o mundo pudesse salvar, se a sabedoria dos gregos pudesse redimir os homens e se a lei judaica com seus milagres pudesse libertar, a cruz seria totalmente desnecessária. Mas se houve cruz, isso denuncia o fracasso de toda a sabedoria grega e de toda a santidade judaica. É loucura e escândalo. Há só uma sabedoria: a da cruz. A sabedoria grega e judaica é mentira e para nada leva; leva ao que levou na comunidade: inversão de todos os valores e amoralidade e discriminação de um grupo sobre o outro. O batismo cria comunidade com o Senhor (1,9) e o Espírito que aí recebem não é para divisão, mas para a união (cap. 12); os carismas não são para autopromoção, mas para a edificação da comunidade. Prefere falar uma palavra que se entenda do que 10 mil que ninguém entenda. A comunhão com Cristo impede radicalmente andar com as prostitutas (6,12-20).

Com a temática da cruz Paulo desfaz as ilusões dos entusiastas e os confronta com as realidades concretas do tempo presente, onde vigora carne e sangue e que enquanto houver carne e sangue não haverá reino presente. O Reino já está aí com o batismo, a fé, a eucaristia, o Pneuma; mas também subsiste a carne com suas obras. A cruz mostra o que pode a carne: matar e levar à morte. Cristo foi morto por obra da carne. Daí o cristão deve viver uma dimensão ascética. A esperança na ressurreição não o transporta já para o mundo futuro; ele tem que viver sua esperança dentro do velho mundo, onde impera pecado; daí o dever de prudência, do seguimento humilde da cruz, da renúncia, do cuidado pelos outros e do amor para com todos: fracos e fortes. Viver a cruz assim, isso é experimentar poder e sabedoria de Deus (1,24).

A cruz de Cristo se tornou a medida crítica para medir a sabedoria cristã que é como o amor que tudo suporta, tudo perdoa, tudo crê, tudo espera, tudo desculpa; não é jactancioso, não se ensoberbece, não se irrita, não guarda rancor; é paciente, benigno e compraz-se na verdade (cf. 13,4-6). Na cruz se decide a verdade do pensar cristão, bem como o comportamento concreto do cristão. Na cruz se discernem os espíritos e as práticas.

A pregação da cruz ganha uma função escatológico-crítica; a cruz não pode ser pulada por cima ou esvaziada

(1Cor 1,17; cf. 12,3), nem considerada retrógrada, como algo do passado já passado (Gl 5,11), nem deve ser heroicizada (2Cor).

A cruz nos obriga a aceitar uma outra sabedoria, a de Deus, que se apresenta não com grandiloquência, mas na capacidade de assumir as atividades quotidianas e as fraquezas. Quem, como os entusiastas de Corinto, desprezar os fracos e os que ainda estão no caminho do Espírito, deve também desprezar o Crucificado e amaldiçoá-lo como de fato o fizeram. Mas esquecem que foi nessa fraqueza que Deus revelou a força e a salvação. Porque o Senhor no mundo foi fraco, Ele se comprometeu com outros e deu a sua vida para os outros, tirando-os da isolação e do desamparo. Ele não caminhou o caminho da liberdade dos outros, mas da liberdade para os outros. Por isso palmilhou o caminho do amor até o fim. Consequentemente. Nessa fraqueza de quem não podia nada é que se manifestou uma força que é a própria do amor: de conquistar os corações e de introduzir uma verdadeira revolução salvadora. A morte e a cruz constituem apelo para o seguimento. Sem a cruz ficaria vazia de significado a realidade da ressurreição. Daí o empenho de Paulo de defender a cruz como substância da fé cristã.

b) A função soteriológica e escatológica da morte de Jesus

A Segunda Carta aos Coríntios apresenta uma outra situação. Entre a elaboração da primeira e da segunda carta aconteceu algo de novo. Apareceram na comunidade pregadores taumaturgos, pneumáticos, de estilo grego, chamados *Theioi ándres,* que pretendiam trabalhar com cartas de apresentação de Paulo (1Cor 3,1; 5,12; 10,12). Como os "espirituais" da primeira carta, eles também são entusiastas da novidade do Espírito. Dizem que neles fala o Ressuscitado com demonstrações miraculosas (2Cor 12,11ss.; 13,3). Mas têm também dificuldades em admitir o valor da morte e da cruz de Cristo. Tudo isso era símbolo da fraqueza e não da presença do Espírito. Mesmo Paulo que se apresenta fraco e sem grandes dotes de oratória, para eles, é sinal de falta de legitimação por parte do Espírito e do Ressuscitado (1Cor 1,17; 2,1ss.; 4,8-13; 15,8-11; 2Cor 11,21; 10,1.10; 11,6).

Em distinção dos "espirituais" da primeira epístola, estes possuem grande veneração por Cristo; Ele não trouxe apenas uma nova aliança; Ele completou a aliança de Moisés através de seus atos maravilhosos; Ele era um *théios anér:* homem divino, herói no estilo grego. Era um super-homem que rompeu as barreiras do humano e entrou na esfera do divino. Documentava sua grandeza com obras maravilhosas de tal forma que era realmente a manifestação de Deus (2Cor 13,3; 12,9).

Nessa representação de Cristo não cabia evidentemente a cruz e o sofrimento. A essa compreensão de magnificência e glorificação de Jesus, Paulo contrapõe a cruz e o sofrimento, a fraqueza e a morte de Jesus. Com isso ele quer salvar o mistério cristão da mitologia grega e da redução de Cristo ao heroísmo da cultura grega popular. Seria uma exaltação da ressurreição como um portento miraculoso, mas não como transfiguração da morte e da cruz.

Por isso Paulo insiste que Cristo viveu as condições terrestres da vida e morreu *in conspectu omnium* (2Cor 5,14b). O excepcional contudo está nisso: que nesta fraqueza e morte Deus agiu de forma definitiva e total para a salvação dos homens. Em sua pobreza nos deu a riqueza de Deus (8,9); na sua impotência nos foi comunicada a força da vida de Deus (13,4); em seu amor se fez pequeno e por nós se entregou (5,14); trouxe assim a salvação e a reconciliação divina.

Reconciliação, vida nova e salvação acontecem sempre que esse modo de existir e de viver de Jesus Cristo forem imitados e também vividos pelos homens (6,10; 12,9-10; 5,18-20).

Paulo destrói na comunidade a ilusão de que a situação presente pode ser perfeccionada a ponto de ela se autorredimir. Para Paulo Cristo não é um herói grego, na sua força hercúlea, na sua inteligência apolínea, no seu poder de operar portentos. Mas Cristo representa com sua morte e com sua cruz a crise para os projetos humanos. Eles acabam todos na cruz. A ressurreição não pode, pois, ser entendida como sublimação da situação presente do homem. Ela só tem sentido se o homem morrer. Então ele pode ser reassumido e plenificado, não por seu próprio esforço e criação, mas por obra de Deus. Daí é que a ressurreição introduziu algo de novo e qualitativo na história: a intervenção escatológica de Deus, pela ressurreição. Quem está em Cristo é nova criatura; o velho já passou (5,17). Isso deve ser entendido assim: quem vive conforme Cristo viveu e por isso está em Cristo – portanto assumiu a morte e a cruz –, este é nova criatura e ressuscita. Essa novidade de vida já está presente mas não totalmente, pois ainda sofremos e penamos (2Cor 6,4ss.). Mas ela funda a esperança e a confiança naquele que ressuscita os mortos para a vida (1,9). Salvação e mundo futuro só existem para quem se abrir para o amor de Deus que se manifestou na fraqueza da cruz e assumir a própria fraqueza. Jesus não se fez grande à custa dos outros, mas se fez pequeno para todos, e serviu a todos até o extremo, porque morreu por todos (5,14; Gl 2,20; Rm 8,35).

Paulo, portanto, vê na cruz o argumento para combater o entusiasmo dos helenistas de Corinto, bem como o evolucionismo dos helenistas judeu-cristãos da mesma comunidade.

c) A morte de Cristo nos libertou da maldição pela lei não cumprida

Na carta aos Gálatas Paulo encontra um grupo de cristãos que queriam ainda manter a tradição judaica junto com a novidade do cristianismo. Tratava-se de manter a observância da lei mosaica que, presumia-se, nos faz justos diante de Deus. Paulo, que fora fariseu e fizera a experiência do que significava viver sob a lei, move uma campanha teológica rigorosa contra a contaminação legalista do cristianismo. Quem faz depender sua salvação da observância da lei está perdido. Nunca chega a cumpri-la de tal maneira que possa estar seguro. Está sempre devendo alguma coisa e por isso sob a força do pecado e da maldição (3,23; 4,3; 3,22; 2,17; 3,10).

Deus nos libertou da maldição, fazendo nascer Jesus sob a condição de pecado e de maldição (Gl 4,4; 3,13). Ele foi feito maldição, para que nós fôssemos bênção. Não são nossas obras que nos irão salvar. Estas estão sempre aquém das exigências da lei. O que nos salva é a fé em Jesus Cristo que assumiu nossa situação e nos libertou (Gl 5,1). Em Deus o homem pode ter segurança. Não em suas obras. Isso não significa que a fé dispensa as obras. Estas seguem a fé. São consequência da fé e da entrega confiante a Deus que em Jesus Cristo nos aceitou e libertou. Por isso Paulo insiste: somos justificados pela fé em Jesus Cristo sem as obras da lei (2,16).

Esta fé em Deus por Jesus Cristo nos liberta realmente para os verdadeiros trabalhos no mundo. Não precisamos acumular obras de piedade com o fito de nos salvar. Estas não alcançam. Se estamos salvos pela fé, então podemos empenhar nossas forças para o amor aos outros, na construção de um mundo mais fraterno, na força da fé e da salvação com que fomos presenteados. Daí dizer Paulo que a liberdade para a qual fomos libertados (5,1) não nos deve levar à anarquia, mas ao serviço dos outros (5,13) e a produzir obras boas, fraternidade, alegria, misericórdia (5,6).

Cristo, com sua morte, nos libertou da preocupação neurótica de obras piedosas acumuladas para a salvação da alma que nos amarravam as mãos e nos faziam farisaicamente piedosos. Agora, livres, podemos usar as mãos para o serviço do amor. Aqui há uma dimensão nova do cristianismo: liberta para a construção do mundo e não para a piedade meramente cultual com o fito de salvar a alma. A piedade, a oração e a religião são manifestações do amor de Deus já recebido e da salvação já comunicada. Elas possuem a estrutura da ação de graças e da liberdade das preocupações.

Há muitas outras dimensões da morte de Cristo pensadas e pregadas por Paulo, especialmente toda a temática da justificação. Não podemos entrar em todas elas. Detivemo-nos em alguns aspectos por parecerem de grande atualidade ao nosso momento teológico atual.

5. A morte de Cristo como sacrifício na Epístola aos Hebreus

A Epístola aos Hebreus é uma das maiores produções teológicas do NT, certamente de um discípulo de Paulo. É tempo de perseguição (10,32ss.; 13,2). A comunidade está abatida e sem esperança (3,7–4,11; 5,11-14; 2,15; 12,12ss.). Percebe como é verdadeira a frase de Cícero sobre a cruz (crudelissimum taeterrimunque suplicium: in Verrem II, 5, 165): ela é vergonha e desprezo (12,2; 13,13). Muitos apostatam (10,39; 12,15). O pastor da Epístola aos Hebreus escreve esta paraclese para fortalecer e consolar. Elabora uma dupla argumentação:

1) Crer inclui também o sofrimento e a morte como modo de entrar na plenitude celeste (cap. 12). Nesta perspectiva se insere também Jesus Cristo: sofreu, foi torturado, teve que aprender com dores a ser obediente e aceitar em grandes lágrimas a morte. Ele é exemplo e protótipo da fé e da fidelidade (12,3). É precursor na pátria do céu.

2) Com Jesus veio a salvação definitiva para todos. Para explicar isso o autor lança mão do célebre dia da reconciliação judaica: Com seu próprio sangue, e não com o sangue das vítimas, o sumo sacerdote Jesus entrou, uma vez por todas, atravessando o véu (sua morte), no santo dos santos celeste, estando lá diante de Deus face a face para expiar por nós e para interceder por nós (7,25; 9,24; cf. 6,19; 8,1; 9,12; 10,14; 12,12ss.). A morte é iluminada a partir do culto sacrifical. Cristo é o sacrifício, a vítima e o sacerdote ao mesmo tempo.

Contudo há que prestar a atenção: a morte de Cristo não é um sacrifício como os sacrifícios do templo. Por isso a argumentação começa: Deus não quer sacrifícios e oferendas; não lhe agradaram. Deus deu um corpo a Cristo... para fazer a vontade de Deus (10,5-7). Deus rejeitou os sacrifícios e colocou uma nova obediência. Cristo é o fim de todos os sacrifícios cultuais. E ele mesmo não deve ser entendido como sacrifício cultual. Que isso seja verdade basta ler no cap. 13,15: "Por meio dele oferecemos continuamente a Deus sacrifícios de louvor, isto é, o fruto dos lábios que bendizem o seu nome. Da beneficência e da mútua assistência não vos esqueçais, pois em tais sacrifícios Deus se compraz". Aqui vemos como a fé libertou o homem para uma ação libertadora e secularizadora no mundo.

Nesta interpretação, Cristo é a única expiação pelos pecados do mundo, e Ele continua agora ainda a interceder e a exercer sua função junto de Deus. Seu sacrifício não é restringido ao tempo da morte: a morte não constitui propriamente a ação salvífica, mas ela a possibilita, porque pela morte o sumo sacerdote entra no Santo dos Santos para começar a exercer sua ação intercessora. Jesus Cristo não é sacerdote, no tempo, segundo a ordem de Aarão, mas tornou-se sacerdote, para além do tempo, na eternidade, segundo a ordem de Melquisedec (Hb 7,11-28). É pois um sacerdócio trans-histórico, escatológico, em regime de ressurreição. Neste sentido Cristo continua seu ministério de intercessão e redenção pelos séculos afora.

Embora Filho, Cristo sofreu porque Ele queria ser o sumo sacerdote permanentemente em favor de todos os homens. Esse sacrifício não pode ser identificado com a missa. Não estava na intenção do autor um ato cúltico específico, como a missa, mas antes o significado salvífico da presença de Cristo junto de Deus, através de sua morte. A morte permitiu a Cristo ser sumo sacerdote. Agora Ele funge. Por isso somos assistidos e somos permanentemente redimidos.

VI. AS PRINCIPAIS INTERPRETAÇÕES DA MORTE DE CRISTO NA TRADIÇÃO TEOLÓGICA:
Sua caducidade e sua atualidade

Após termos considerado a interpretação que Jesus teria dado a sua morte e os caminhos de interpretação da Igreja primitiva, queremos abordar as principais imagens de que a tradição da fé se serviu para tornar compreensível, significativa e atual a morte salvífica de Jesus Cristo.

Em todas elas, por mais díspares que parecer possam, querem traduzir a profunda fé e esperança: Graças a Deus, fomos libertados por Nosso Senhor Jesus Cristo (cf. Rm 7,25). É a resposta ao interrogante mais fundamental da existência humana.

Como tornar crível e aceitável tão alvissareira resposta? As imagens e as representações que a piedade, a liturgia e a teologia utilizam para expressar a libertação de Jesus Cristo realçam ou antes encobrem, para nós hoje, o aspecto verdadeiramente libertador da vida, morte e ressurreição de Cristo? Dizemos: Cristo nos redimiu pelo seu preciosíssimo sangue; expiou satisfatoriamente com sua morte pelos nossos pecados e ofereceu a sua própria vida como sacrifício pela redenção de todos. O que significa realmente tudo isso? Entendemos o que estamos dizendo? Podemos, de verdade, pensar que Deus estava irado e que foi apaziguado com a morte de Cristo? Pode alguém substituir o outro, morrer no lugar dele, continuando o homem pecador? Quem deve se modificar: Deus de irado em bondoso ou o homem de pecador em justo? Professamos: Cristo libertou-nos do pecado! E nós continuamos a pecar. Livrou-nos da morte! E continuamos a morrer. Reconciliou-nos em Deus. E seguimos nos inimizando com Ele. Que sentido concreto e verdadeiro possui a libertação da morte, do pecado e da inimizade? O vocabulário empregado para exprimir a libertação de Jesus Cristo traduz situações sociais, trai interesses ideológicos e articula tendências de uma época.

Uma mentalidade marcadamente jurídica irá falar em termos jurídicos e comerciais de resgate, redenção dos direitos de domínio que satanás possuía sobre o pecador, de satisfação, mérito, substituição penal etc. Uma mentalidade cúltica irá se exprimir em termos de sacrifício. Outra preocupada com a relevância social e cultural da alienação humana pregará a libertação de Jesus Cristo. Em que sentido entendemos que a morte de Cristo pertencia ao plano salvífico do Pai? Pertencia a esse plano a recusa dos judeus, a traição de Judas e a condenação por parte dos romanos? Eles não eram marionetes a serviço de um plano *a priori* e de um drama supra-histórico. Foram agentes concretos e responsáveis por suas decisões. A morte de Cristo – isso já vimos em pormenor – foi humana, isto é, consequência de uma vida e de uma condenação provocadas por atitudes históricas tomadas por Jesus de Nazaré.

Não basta repetir fetichisticamente as fórmulas antigas e sagradas. Precisamos procurar compreendê-las e tentar captar a realidade que elas tentam traduzir. Esta realidade salvífica pode e deve ser expressa de muitas formas; sempre tem sido assim no passado e também no presente. Se falamos hoje em libertação traímos com esta expressão – libertação – toda uma tendência e uma encarnação da nossa fé, como quando Santo Anselmo se exprimia em termos de satisfação vicária. Ele traduzia, provavelmente sem o saber de forma consciente, uma sensibilidade própria do seu mundo feudal: a ofensa feita ao suserano máximo não pode ser reparada por um vassalo inferior. Nós corporificamos uma sensibilidade aguda pela dimensão social e estrutural da captividade e da alienação humana. Em que sentido e como Cristo é libertador *também* desta antirrealidade?

A tarefa de nossas reflexões se concentrará num trabalho de deconstrução. Trata-se de submeter à análise crítica três representações comuns da ação salvífica de Cristo, do sacrifício, da redenção e da satisfação. Falamos em deconstrução e não em destruição. Os três modelos referidos são construções teológicas com o fito de apreender, dentro de um determinado tempo e espaço cultural, o significado salvífico de Jesus Cristo. Deconstruir significa ver a casa através de sua planta de construção, refazer o processo de construção, mostrando a temporalidade e eventualmente a caducidade do material representativo e revelando o valor permanente de seu significado e de sua intenção. É excusado explicar o sentido positivo que atribuímos à palavra crítica: é a capacidade de discernimento do valor, do alcance e da limitação de uma determinada afirmação.

1. O que é propriamente redentor em Jesus Cristo: O começo (encarnação) ou o fim (cruz)?

Na tradição teológica e nos textos litúrgicos ainda vigentes nota-se uma limitação no modo como conceber concretamente a redenção. Esta é concentrada em dois pontos matemáticos: ou no começo na vida de Cristo, na encarnação ou no seu fim, na paixão e morte na cruz. O próprio Credo assumiu esta forma abstrata de colocação: da encarnação passa logo para a morte e para a ressurreição. Coloca entre parêntesis a vida terrestre de Jesus Cristo e o valor salvífico de suas palavras, atitudes, ações e reações.

A teologia influenciada pela mentalidade grega vê na encarnação de Deus o ponto decisivo da redenção. Consoante a metafísica grega, Deus é sinônimo de Vida, Perfeição e Imortalidade. A criação, não sendo Deus, é necessariamente decadente, imperfeita e mortal. Isso é assim mercê da estrutura ontológica do ente criado. É fatalidade e não pecado. Redenção significa elevação do mundo à esfera do Divino. Destarte o homem juntamente com o cosmos é divinizado e libertado do peso de sua própria limitação interna. "Deus se fez homem para que o homem se fizesse Deus", dirá lapidarmente Santo Atanásio (*De incarnatione Verbi*, 54). Pela encarnação irrompe no mundo a redenção porque em Jesus Cristo Deus imortal e infinito se encontra com a criatura mortal e finita. Basta a constituição deste ponto matemático da encarnação para que toda a criação seja atingida e redimida. Não interessa tanto o homem concreto Jesus de Nazaré, seu caminho pessoal, o conflito que provocou com a situação religiosa e política de seu tempo, mas a humanidade universal que Ele representa. Deus é o agente da redenção. É ele que se autocomunica à criação, elevando-a e divinizando-a. Verifica-se uma abstração do histórico em Jesus de Nazaré. A encarnação é entendida estaticamente, como o primeiro momento da concepção virginal de Jesus, Deus-Homem. Aí está tudo. Não se articula o aspecto dinâmico e histórico do crescimento, da fala, das várias fases da vida de Cristo, de suas decisões, tentações, de seus encontros que, na medida em que iam aparecendo, iam simultaneamente sendo assumidos por Deus e daí processando a ação salvífica.

A redenção hoje, no horizonte desta compreensão, acontece na abstração da historicidade concreta do homem. Não se trata de traduzir a redenção numa mudança de práxis humana mais fraterna, justa e equitativa, mas na participação subjetiva no acontecimento objetivo acontecido no passado e atualizado pela Igreja, prolongamento da encarnação do Verbo, pelos sacramentos e pelo culto que, por sua vez, efetuem a divinização do homem.

Um tipo de teologia marcado pela mentalidade romana ético-jurídica coloca na paixão e na morte de Cristo o ponto decisivo para a redenção. Para o pensar romano o mundo é imperfeito não tanto pelo fato ontológico da criação, mas pela presença do pecado e da liberdade abusada do homem. Este ofendeu a Deus e à reta ordem da natureza. Deve reparar o mal causado. Daí ser necessário o mérito, o sacrifício, a conversão e a reconciliação. Somente então a ordem antiga será restabelecida e vigorará a tranquilidade da ordem. Deus vem ao encontro do homem: envia seu próprio Filho para que de forma substitutiva repare com sua morte a ofensa infinita perpetrada pelo homem. Cristo veio para morrer e reparar. A encarnação e a vida de Jesus só possuem valor enquanto preparam e antecipam sua morte. O protagonista não é tanto Deus, mas o homem Jesus que com sua ação repara o mal causado. Não se trata de introduzir algo de novo, com a divinização, mas de restaurar a primitiva ordem justa e santa.

2. Problemática e aporias das imagens representativas da redenção

Ambos os modelos correm o risco de cindir esquizofrenicamente a encarnação e a morte, colocando ou num ou no outro ponto o valor redentivo de Cristo. Na verdade se esvazia a vida concreta de Jesus de Nazaré e a redenção assume um caráter extremamente abstrato. Será que a vida toda de Jesus não foi igualmente libertadora? Não mostrou ele, efetivamente, o que seja redenção na vida que levou, no modo como se comportou face às várias situações e como encarou a morte? Tudo isso está ausente nos dois modelos abstratos, encarnatório e estaurológico (staurós = cruz).

Início e fim são considerados como grandezas independentes e subsistentes em si mesmas. Não se faz uma relação entre elas que é a caminhada histórica de Jesus de Nazaré. A morte de cruz não é uma necessidade metafísica; foi consequência de um conflito e o termo de uma condenação judicial, portanto, da decisão e do exercício da liberdade humana.

Ademais, a redenção, nas duas concepções, é situada no passado. Ela não se relaciona com as mediações do presente. Não cabe perguntar: Como se equaciona libertação do pecado social, redenção de injustiças estruturais, luta contra a fome e a miséria humana com a redenção de Jesus Cristo? Esses dois modelos não permitem nenhuma resposta coerente. E contudo as perguntas são de candente validade teológica.

O que seja realmente redenção e libertação por Jesus Cristo devemos buscar não em modelos abstratos e formais que retalham a unidade de vida de Jesus Cristo, na consideração do caminho concreto palmilhado por Jesus de Nazaré: em sua vida, em sua atuação, em suas exigências, no conflito que provocou, em sua morte e ressurreição. Redenção é fundamentalmente uma práxis e um processo histórico que se verifica (se faz verdadeiro) no embate de uma situação. Jesus começou a redimir já com a práxis nova que postulou e introduziu dentro do mundo que encontrou.

A encarnação implica também a entrada de Deus dentro de um mundo marcado religiosa e culturalmente e a transfiguração deste mundo. Ele não assumiu pacificamente, sacralizando tudo o que encontrou. Assumiu criticamente, purificando, exigindo conversão, mutação, reorientação e libertação.

Não queremos olvidar as implicações ontológicas do caminho redentor de Cristo que podem ser assim formuladas: Por que exatamente Jesus de Nazaré e não um outro qualquer conseguiu libertar os homens? Por que unicamente Ele tinha o vigor de viver uma vida de tal forma perfeita e transparente, divina e humana que significou redenção e a vida verdadeira sempre buscada pelos homens? Ele logrou tudo isso, não porque fosse um gênio de humanidade e de religiosidade e tivesse sido unicamente o mérito de seu empenho, mas porque Deus mesmo estava encarnado nele e *se* fazia presente como libertação e reconciliação no mundo. Entretanto, esta afirmação ontológica só é verdadeira se ela surgir como explicação derradeira da história concreta vivida, suportada, sofrida e vencida por Jesus de Nazaré assim como os evangelhos no-la pintam. Nesta vida que inclui tudo, também a morte e a ressurreição, é que se mostrou a salvação e a redenção: não abstratamente em pontos matemáticos ou em formulações, mas em gestos e atos na unidade consequente de uma vida totalmente autodoada aos outros e a Deus. Esta consideração já foi anteriormente melhor tematizada.

O estreitamento na inteligência da fé acerca da ação libertadora de Cristo não se verifica apenas quanto ao ponto de partida (encarnação ou cruz), mas também na articulação das imagens usadas para exprimir e comunicar o valor universal e definitivo de sua ação salvadora. Pensamos aqui principalmente em três destas imagens, das mais correntes, na piedade e na teologia: a do sacrifício expiatório, a da redenção-resgate e a da satisfação substitutiva.

Os três modelos se apoiam sobre um pilar comum: o pecado pensado em três direções diferentes. O pecado, enquanto atinge a Deus, é ofensa que exige condigna reparação e satisfação; o pecado, enquanto atinge o homem, reclama punição pela transgressão e demanda um sacrifício expiatório; o pecado, enquanto afeta as relações entre o homem e Deus, significa ruptura e escravização do homem entregue à esfera de satanás e requer redenção e um preço de resgate.

Nos três modos de compreender a salvação de Jesus Cristo o homem se mostra incapaz de reparar por seu pecado. Destarte ele não satisfaz a justiça divina ultrajada. Permanece na injustiça. Libertação consiste exatamente em fazer que Jesus Cristo substitua o homem e realize aquilo que o homem deveria fazer e não o conseguia por si mesmo de forma satisfatória. A misericórdia divina, consoante essa teologia, mostra-se pelo fato do Pai ter enviado o seu Filho para que, em lugar do homem, satisfaça plenamente a justiça de Deus ofendida, receba a punição pelo pecado que é a morte e pague o resgate devido a satanás, libertando assim o homem. Tudo isso é realizado pela morte expiatória, satisfatória e redentora. Quem quis a morte de Cristo? Essa teologia responderá: O Pai. Como forma de expiar o pecado e restabelecer a justiça violada.

Como transparece, aqui predomina um pensar jurídico e formal sobre o pecado, a justiça e o relacionamento entre Deus e o homem. Os termos expiação, reparação, satisfação, resgate, mérito antes encobrem do que comunicam a alvissareira novidade da libertação de Jesus Cristo. O elemento histórico da vida de Jesus é violentamente suprimido. A morte não é vista como consequência da vida de Jesus, mas como um fato preestabelecido, independentemente das decisões dos homens, da recusa dos judeus, da traição de Judas e da condenação de Pôncio Pilatos. Pode Deus-Pai encontrar alegria e satisfação na violenta e sanguinolenta morte de cruz?

Precisamos deconstruir essas imagens para salvarmos, na inteligência da fé, o caráter verdadeiramente libertador da vida, morte e ressurreição de Jesus Cristo. Nota-se em toda essa soteriologia uma ausência completa da ressurreição. Para ela Cristo nem precisaria ter ressuscitado. Bastaria ter sofrido, derramado seu sangue e morrido na cruz para ter realizado sua obra redentora. Não podemos ocultar as limitações onerosas deste modo de interpretar o significado salvífico de Jesus Cristo.

Ademais, esses três modelos levantam algumas questões que devem ser adequadamente respondidas para não parecerem resquícios mitológicos e arcaicos que comprometeriam o conteúdo histórico-fatual da libertação de Jesus Cristo. Que significa o caráter substitutivo da morte de Cristo? Pode alguém substituir um outro ser livre, sem ser delegado por este? Como então deve ser pensada a mediação de Jesus Cristo para os homens que viveram antes dele, depois dele ou nunca ouviram falar no evangelho e na redenção? O sofrimento, a pena e a morte suportada pelo inocente isenta da culpa e do castigo o criminoso, causador do sofrimento, da pena e da morte? Qual é o horizonte a partir do qual se torna compreensível o caráter representativo universal da obra de Jesus Cristo? Qual é a experiência que nos permite compreender, aceitar e crer na mediação salvadora e libertadora de Cristo para todos os homens? Tais perguntas devem ser clarificadas.

Antes de procedermos a uma análise crítica e deconstrutiva destas imagens, mostrando por um lado sua caducidade e por outro seu permanente alcance, convém acenar para o seu caráter simbólico e mítico. Dizer por exemplo que a redenção resulta de uma luta de Cristo com o demônio ou que significa um resgate pago a Deus pela ofensa a Ele feita etc., constituem, evidentemente, maneiras de falar sobre realidades transcendentes que se passam numa esfera não atingível pelo sentido histórico. Houve épocas em que esta linguagem não era considerada mítica e simbólica, mas narrativa e explicativa da realidade: houve de fato uma luta entre Cristo e satã, pagou-se realmente um resgate. Para nós hoje, filhos da modernidade e da ciência da linguagem, o mito é desmitizado; mas não perdeu sua função; foi elevado à dignidade de símbolo, de suporte semântico da revelação de realidades que só podem ser expressas simbolicamente com Deus e sua redenção, pecado e seu perdão etc. Como diz com acerto Paul Ricoeur, o mito conserva sempre sua função simbólica, isto é, "seu poder de desocultar e de revelar o laço do homem com o seu Sagrado". Este laço deverá aparecer em nossa análise; caso contrário perdemos a ligação com o passado e sua linguagem.

3. O modelo do sacrifício expiatório: morto pelo pecado de seu povo

À deriva da Epístola aos Hebreus, a tradição interpretou a morte de Cristo como sacrifício expiatório de nossas iniquidades: "Se bem que não tivesse cometido injustiça alguma e em sua boca jamais houvesse mentira" (Is 53,9), Jesus "foi castigado por nossos crimes" (Is 53,5) e "morto pelo pecado de seu povo" (Is 53,8), "oferecendo sua vida em sacrifício expiatório" (Is 53,10). O modelo é tirado da experiência ritual e cúltica dos sacrifícios nos templos. Pelos sacrifícios, os homens, além de venerarem a Deus, julgavam aplacar sua ira provocada pela maldade humana. Então ele se tornava novamente bom e amável. Nenhum sacrifício humano conseguia por si mesmo aplacar definitivamente a ira divina. A encarnação criou a possibilidade de um sacrifício perfeito e imaculado que pudesse ganhar a total complacência de Deus. Jesus aceitou livremente ser sacrificado para representar todos os homens diante de Deus e assim conquistar o total perdão divino. A ira divina como que se extravasou na morte violenta de Jesus na cruz e se aplacou. Jesus suportou como expiação e castigo pelo pecado do mundo.

a) Limites da representação

Até o tempo em que havia uma base sociológica para os sacrifícios cruentos e expiatórios, como na cultura romana e judaica, esse modelo era perfeitamente compreensível. Com o desaparecimento da experiência real ele começou a ser problemático e a exigir um processo de desconstrução e de reinterpretação. Jesus mesmo, ligando-se à tradição profética, coloca a insistência não em sacrifícios e holocaustos (cf. Mc 7,7; 12,33; Hb 10,5-8), mas na misericórdia e bondade, justiça e humildade. Deus não quer coisas dos homens. Ele quer os homens simplesmente: seu coração e seu amor.

O aspecto vindicativo e cruento do sacrifício não se coaduna com a imagem de Deus-Pai que Jesus Cristo nos revelou. Ele não é um Deus irado, mas Aquele que ama os ingratos e maus (Lc 6,35). É amor e perdão. Não espera os sacrifícios para oferecer sua graça, senão se antecipa ao homem e sobrepuja com sua benevolência tudo o que se possa fazer ou almejar. Abrir-se para Ele e entregar-se filialmente: nisso consiste o verdadeiro sacrifício. Cada qual é sacrifício na medida em que se autodoa e acolhe a mortalidade da vida, se sacrifica, se desgasta, empenha sua existência, seu tempo e suas energias para gerar uma vida mais libertada para o outro e para Deus. Cada qual é sacrifício na medida em que hospeda a morte dentro da vida. A morte não é o último átomo da vida. É a própria estrutura da vida que é mortal e que, por isso, na medida em que vive, vai morrendo lentamente até acabar de morrer e de viver. Hospedar a morte dentro da vida é poder acolher a caducidade da existência não como uma fatalidade biológica, mas como chance da liberdade de doar a vida que me vai sendo arrancada. Devo evitar que a vida me seja tirada pelo processo biológico. Posso, na liberdade que aceita o limite intransponível, entregá-la e consagrá-la a Deus e aos outros. O último instante da vida mortal apenas termina e formaliza a estrutura que marcou toda a história pessoal: transporto-me para a riqueza do Outro como expressão de amor confiante. Essa atitude constitui o verdadeiro sacrifício cristão como diz São Paulo: "rogo-vos, irmãos, pela misericórdia de Deus, que ofereçais vossos corpos (expressão hebraica para dizer vida) como hóstia viva, santa e agradável a Deus e este seja o vosso culto espiritual" (segundo a realidade nova do Espírito trazida por Cristo) (Rm 12,1).

b) Valor permanente da representação

A ideia de sacrifício é muito profunda na existência humana. Sacrifício, como dizemos ainda na linguagem popular, é a doação de si que custa e é dificultosa. "Geralmente o mal, o sofrimento, o pecado, a inércia, o costume, muitos dos elementos que nos rodeiam (econômicos, sociais, culturais, políticos) tendem a reprimir o borbulhão de vida, cujas potencialidades infinitas percebemos. Mediante o sacrifício atualizamos o passo da vida em nós e no mundo. Mantemos sua tensão. E esse sacrifício é expressão de amor". O trágico do sacrifício foi o de ter sido identificado com os gestos e os objetos sacrificiais. Estes não eram mais expressivos da conversão profunda do homem para com Deus. Esta é que constitui o verdadeiro sacrifício como entrega irrestrita a Deus, que se exterioriza em gestos ou objetos oferecidos. Bem dizia Santo Agostinho: o sacrifício visível é sacramento, quer dizer, o sinal visível do sacrifício invisível (*De civ. Dei,* 1. X, § 5). Sem a atitude interior sacrificial torna-se vazio o sacrifício exterior.

A vida humana possui, ontologicamente, uma estrutura sacrificial. Em outras palavras: ela é assim estruturada que só é verdadeiramente humana aquela vida que se abre para a comunhão, que se autodoa, morre para-si-mesma e se realiza no outro. Só nesta doação e sacrifício pode salvar-se. São João o diz excelentemente: "o que se guarda perece; o que se entrega conservar-se-á para a vida eterna" (Jo 12,24-25). Deus exige sempre tal sacrifício. Não porque sua Justiça o exija e Ele deva ser aplacado, mas porque o homem o postula enquanto só pode viver e subsistir humanamente se se entregar ao Outro e se despojar de si mesmo para poder ser repleto da graça divina. Neste sentido Cristo foi por excelência sacrifício, pois Ele foi até o extremo um ser-para-os-outros. Não apenas sua morte foi sacrifício, mas toda a sua vida, porquanto toda ela foi entreguê. Se considerarmos apenas o aspecto cruento e sangrento da morte, à moda dos sacrifícios antigos, então perdemos a especificidade do sacrifício de Cristo. Ele teria sido sacrifício mesmo que não tivesse sido imolado, nem tivesse sido derramado seu sangue. Não é nisso que consiste o sacrifício. Mas na doação total da vida e da morte. Essa doação pode assumir, historicamente, o aspecto de morte violenta e de derramamento de sangue. Mas não é o sangue *em si*, nem a morte violenta *em si* que constituem o sacrifício. Eles são figurativos do sacrifício interior como projeto de vida em total disponibilidade a Deus e em entrega irrestrita ao desígnio do Mistério.

Se a vida humana se articula sacrificialmente, então podemos dizer que ela se manifestou de forma definitiva e escatológica em Jesus Cristo. Por isso Ele é o sacrifício perfeito e a salvação presente. Salvação é a completa hominização.

Completa hominização é poder extrapolar totalmente de si e abandonar-se radicalmente a Deus a ponto de ser um com Ele. O sacrifício representa por excelência essa dimensão e assim realiza a completa hominização e a salvação plena do homem. Jesus Cristo realizou isso e convida os homens, com os quais é ontologicamente solidário, a fazerem o mesmo. Na medida desta realização é que somos salvos.

Como transluz, esse modelo do sacrifício conserva uma riqueza permanente e ainda hoje válida, desde que purificado de seus resquícios míticos e pagãos.

4. O modelo de redenção e de resgate: esmagado por nossas iniquidades

Outra representação da salvação por Jesus Cristo está ligada à escravatura antiga. Pagava-se um determinado preço para alforriar um escravo: era o resgate. Assim ele era redimido (provém de *emere, redimere* que em latim significa comprar e libertar mediante um preço). A morte de Cristo foi o preço que Deus exigiu e que foi pago para resgatar os homens prisioneiros de satanás. De tal maneira estávamos sob a tutela do demoníaco, do alienatório e do cativeiro que por nós mesmos não nos podíamos libertar.

Para a Bíblia que reflete uma cultura nômade a redenção consiste também na libertação da fome, da falta de água e de pastos. Significa o êxodo de uma situação de carência para uma de abundância. Houve também a experiência do verdadeiro cativeiro no Egito. Redenção é a arrancada libertadora de uma situação de escravos para outra de livres. A redenção está ligada a categorias espaciais, locais – passagem de um lugar ao outro.

Ao fazer-se sedentário Israel transpõe o esquema para o plano temporal. Deus redimirá o povo enquanto Ele conduzirá o povo de um tempo provisório para um definitivo, no horizonte do futuro e do escatológico. Redenção é um peregrinar através da história num permanente processo de superação e de libertação dos mecanismos de opressão que sempre acompanham a vida. Cristo é apresentado como aquele que já chegou ao termo e por isso se libertou de todo o peso do passado alienador da história. Como ponto ômega atrai todas as linhas ascendentes a si. Destarte é o Redentor do mundo.

a) Limites da representação

Esta representação do cativeiro e do resgate quer relevar a gravidade da perdição humana. Não nos possuíamos. Éramos possuídos por algo que não nos deixava ser autenticamente. O limite deste modelo reside em que a redenção e o preço pago para ela se realiza somente entre Deus e o demônio. O homem é apenas um espectador interessado, mas não um participante. Realiza-se um drama salvífico supra-histórico. Não experimentamos tal tipo de redenção extrínseca à vida. Na verdade precisamos combater e oferecer nossas vidas. Não nos sentimos manipulados por Deus ou pelo demônio, porque percebemos que conservamos nossa liberdade e o sentido definitivo de nossas decisões. Mas vivemos a experiência de uma liberdade cativa e de decisões ambíguas.

b) Valor permanente da representação

Apesar desta limitação intrínseca, esta imagem da redenção e do resgate possui um valor permanente. O homem não faz, nem no âmbito cristão, a experiência de uma total libertação. A libertação é feita no interior de uma percepção profunda da captividade em que se encontra a humanidade. Sentimo-nos continuamente escravizados por sistemas opressores sociais e religiosos. Estes não permanecem apenas impessoais; encarnam-se em pessoas civis ou religiosas, geralmente cheias de boa vontade, mas ingênuas demais para perceberem que o mal não está somente fora do sistema montado, mas no coração mesmo dele, mal-alimentado e defendido por ideologias que tentam tornar plausível e razoável a iniquidade intrassistêmica e sustentado por ideais propostos por todos os canais de comunicação. Cristo nos libertou, realmente, deste cativeiro; a partir de uma nova experiência de Deus e de urna nova práxis humana se mostrou um homem livre, libertado e libertador. Sofreu e pagou com a morte violenta o preço desta liberdade que tomou para si em nome de Deus. Nunca se deixou determinar pelo *status quo* social e religioso alienado e alienante. Também não foi um reacionário que comandava sua ação como reação ao mundo circunstante. Agiu a partir de uma nova experiência de Deus e dos homens. Esta sua ação provocou reação no judaísmo oficial que levou Cristo à morte. Ele suportou com hombridade e fidelidade, sem compromissos e tergiversações, a morte que Ele não buscou, mas que lhe foi imposta. Tal atitude guarda ainda hoje um valor provocativo irrefragável. Ela pode ainda alimentar a consciência adormecida e fazer retomar sempre de novo o processo de libertação contra todos os conformismos e o cinismo que os regimes de captividade social e religiosa parecem provocar. Cristo não disse: Eu sou a ordem estabelecida e a tradição, mas eu sou a Verdade! Em nome desta Verdade soube morrer e libertar os homens para não mais temerem a morte porque Ele a venceu pela ressurreição.

5. O modelo da satisfação substitutiva: fomos curados graças a seus padecimentos

No horizonte de uma visão jurídica se utilizou um instrumentário emprestado do direito romano – *satisfactio* – para exprimir a ação redentora de Cristo. Introduzido por Tertuliano e aprofundado por Santo Agostinho, esse modelo da satisfação substitutiva encontrou em Santo Anselmo sua formulação clássica no livro *Cur Deus homo?* (Por que Deus se fez homem?). A preocupação de Santo Anselmo, em quem se nota forte tendência ao racionalismo, latente em toda a Escolástica, reside em encontrar uma razão necessária para a encarnação de Deus e que fosse suficiente também para um infiel. Assim argumenta o teólogo Anselmo: Pelo pecado o homem violou a reta ordem da criação. Com isso ofendeu a Deus, autor desta ordo universalis. A justiça divina exige que a ordem seja sanada e reparada, requer necessariamente uma satisfação condigna. A ofensa é infinita porque afetou Deus que é infinito. A satisfação deve ser igualmente infinita. Como pode o homem finito reparar infinitamente? Sua situação é sem esperança.

Anselmo vê uma saída absolutamente racional: o homem deve a Deus uma satisfação infinita. Só Deus pode proceder a uma satisfação infinita. Logo é necessário que Deus se faça homem para poder reparar infinitamente. O *Homem-Deus* realiza aquilo que a humanidade devia realizar: a reparação; o Deus-Homem concretiza aquilo que falta à reparação humana: seu caráter de infinitude. No

Homem-Deus, portanto, dá-se a reparação (homem) condignamente infinita (Deus). A Encarnação é necessária por uma lógica irrefragável.

Entretanto, o que realmente repara a ofensa não é a encarnação e a vida de Cristo. São apenas os pressupostos que possibilitam a verdadeira reparação condigna na morte cruenta na cruz. Por ela se expia, se remove a ofensa e se restabelece a reta ordem do universo. Deus, assevera Anselmo, até encontra bela a morte de cruz porque através dela sua justiça é aplacada (*Cur Deus homo*, I, 14).

a) Limites da representação

Esta representação da libertação de Jesus Cristo é uma das que mais refletem o substrato sociológico de uma determinada época. O Deus de Santo Anselmo tem muito pouco a ver com o Deus-Pai de Jesus Cristo. Ele encarna a figura de um senhor feudal absoluto, senhor da vida e da morte de seus vassalos. Deus assume os traços de um Juiz cruel e sanguinário apostado em cobrar até o último jota os débitos referentes à justiça. No tempo de Santo Anselmo predominava, neste campo, uma crueldade feroz. Este contexto sociológico se espelhou no texto teológico de Anselmo e ajudou, infelizmente, a elaborar uma imagem de um Deus cruel, sanguinário e vindicativo, presente ainda hoje em muitas cabeças piedosas, mas torturadas e escravizadas.

Um mecanismo atroz de violação-reparação se impõe ao próprio Deus, prescrevendo-lhe o que deve, necessariamente, fazer. É esse o Deus que aprendemos a amar e a confiar da experiência de Jesus Cristo? É ainda o Deus do filho pródigo que sabe perdoar? O Deus da ovelha perdida que deixa as noventa e nove no aprisco e sai pelos descampados a procurar a única perdida? Se Deus encontra a morte tão bela, por que proibiu matar? (Ex 20,13; Gn 9,6). Como pode o Deus que proibiu até o irar-se (Mt 5,21) ser Ele mesmo irado?

b) Valor permanente da representação

Santo Anselmo tematizou uma linha da ideia de satisfação, ao nível jurídico, dentro das possibilidades que seu embasamento feudal o permitiu. Mas deixou encoberta a dimensão ontológica que, desenvolvida, mostra-se adequada para traduzir a salvação lograda por Jesus Cristo. Este corte ontológico aparece quando perguntamos: Em que consiste, fundamentalmente, a salvação humana? Muito brevemente: em ser o homem cada vez mais ele mesmo. Se conseguir isso, será totalmente realizado e salvo. Aqui começa o drama da existência: o homem sente-se incapaz de identificação plena; sente-se perdido; deve sempre alguma coisa a si mesmo; não satisfaz às exigências que experimenta dentro de si; sente-se não *satisfeito* (não é feito suficientemente) e sua postura não é satisfatória.

Como deve ser o homem para ser totalmente ele mesmo e daí salvo e redimido? Deve poder atualizar a inexaurível abertura que ele mesmo é. Seu drama histórico consiste em ter se fechado sobre si mesmo; daí viver numa condição humana decadente, chamada pecado.

Cristo foi aquele a quem Deus concedeu abrir-se de tal maneira ao Absoluto que pode identificar-se com Ele. Estava aberto a todos e a tudo. Não tinha pecado, isto é, não se encaramujava sobre si mesmo. Só Ele pôde satisfazer as exigências da abertura ontológica do homem. Por isso Deus pôde também ser completamente transparente nele (cf. Jo 14,20). Era a imagem de Deus invisível em forma corporal (Cl 1,15; 2Cor 4,4).

Deus não se encarnou em Jesus de Nazaré apenas para divinizar o homem, mas também para hominizá-lo e humanizá-lo, libertando-o da carga de inumanidade que carrega de seu passado histórico. Em Jesus emergiu o homem, enfim, realmente salvo e redimido. Somente ele pôde, na força do Espírito, cumprir a *ordo* da natureza humana. Por isso foi constituído em nosso Salvador na medida em que participamos dele e realizamos a abertura total que ele possibilitou, na esperança, para todos. Ele mostrou que isso não é uma utopia antropológica, mas evento histórico da graça. Assumindo a preocupação de Santo Anselmo sobre o caráter de necessidade que a encarnação de Deus possui, podemos afirmar: para que o homem pudesse ser realmente homem, Deus deveria se encarnar, quer dizer, deveria penetrar de tal maneira a abertura infinita do homem que o plenificasse. E o homem deveria poder se dimensionar de tal maneira para com o Infinito que pudesse realizar-se lá onde somente pode efetivamente se realizar: em Deus. Quando isto sucede, então se torna evento a encarnação de Deus e a divinização do homem. O homem está salvo. Satisfaz ao chamado mais profundo de ser e para o qual existe: ser-comunhão com Deus.

Cristo Salvador nos provoca a realizarmos aquilo que Ele realizou. Só somos redimidos e satisfeitos na medida em que estamos no empenho da satisfação de nossa vocação humana fundamental. Ele mostrou que a busca insaciável da nossa derradeira identidade (que implica Deus) não é sem-sentido (mito de Sísifo e de Prometeu): ela desemboca e o homem tem a chance de ser aquilo que deve ser.

Compreendida nesta dimensão ontológica, parece-nos que a ideia da satisfação pode ser considerada um instrumental riquíssimo para representarmos a libertação de Jesus Cristo. É certamente por causa deste tesouro latente que é uma das imagens mais populares. Sentimo-nos solidários com Jesus, na dor e na busca, com Ele que em nome de todos satisfez aos apelos de uma completa imediatez com Deus. Mas não só: também no anseio do encontro e na certeza da chegada.

Todas as imagens são imagens pelas quais tentamos captar a riqueza salvífica que sempre transcende as imagens. Não podemos nos fixar em nenhuma delas. Devemos percorrê-las, deconstruindo-as, largando-as, reassumindo-as purificadas, elaborando outras, conforme é dado articulá-las no horizonte de uma experiência da fé encarnada numa situação concreta.

Falta-nos, entretanto, abordar um problema espinhoso, mas importante enunciado acima: Como compreender o caráter universal da libertação de Cristo ou em que medida Ele é solidário conosco e sua realidade salvífica toca nossa realidade salvando-a e libertando-a?

6. Jesus Cristo liberta na solidariedade universal com todos os homens

Jesus Cristo não é o Salvador universal de todos os homens por puro voluntarismo divino: é assim porque Deus simplesmente quis! Há uma razão mais profunda, cuja experiência podemos fazer e controlar. Experimentamos a profunda solidariedade que vigora entre todos os homens. Ninguém está só. A unidade da mesma e única humanidade só se explica adequadamente no horizonte desta solidariedade universal de origem e de destino. Somos juntos solidários na convivência no mesmo cosmos material; somos solidários no mesmo processo biológico; somos juntos solidários na mesma história humana dos sucessos e fracassos, do amor e do ódio, das divisões violentas e do anseio de fraternidade universal, história do relacionamento para com um Transcendente denominado Deus. Mercê desta radical e ontológica solidariedade somos todos responsáveis uns pelos outros na salvação e na perdição. "O mandamento do amor ao próximo não foi dado para que social ou privadamente nos suportemos ou tenhamos uma vida mais agradável, mas é a proclamação da preocupação pela salvação de uns pelos outros e da possibilidade desta salvação de uns pelos outros."

Ao entrar no mundo já nos ligamos solidariamente à situação que encontramos, ela nos penetra até à intimidade mais radical, participamos de seu pecado e de sua graça, do espírito do tempo, de seus problemas e anseios. Se por um lado somos marcados, também marcamos e ajudamos a criar o mundo circunstante. Não apenas ao nível do inter-relacionamento humano e cultural, mas também em nível de nossa postura diante de Deus, seja como abertura e acolhida, seja como fechamento e rechaço.

O modo próprio de ser do homem-espírito, à diferença do modo de ser das coisas, consiste em nunca estar justaposto, mas sempre junto e dentro de tudo com o qual se confronta. Ser homem-espírito é poder ser, de alguma forma, todas as coisas, porque o relacionamento com elas pelo conhecimento e pelo amor estabelece uma comunhão e uma participação no destino do conhecido e amado. Se ninguém pode substituir ninguém, porque o homem não é uma coisa intercambiável, mas uma singularidade pessoal, única e irrepetível, histórica e livre, pode contudo, em razão da solidariedade universal, pôr-se a serviço do outro, unir seu destino ao destino do outro e participar do drama da existência de todos. Assim, se alguém se eleva, eleva, solidariamente, a todos. Se alguém mergulha no abismo da negação de sua humanidade, carrega consigo, solidariamente, a todos. Destarte somos solidários com os sábios, os santos, os místicos de todos os tempos pelos quais se mediatizou a salvação e o mistério autocomunicado de Deus. Mas também sempre solidários com os criminosos e os malfeitores de todos os séculos pelos quais se contaminou e poluiu a atmosfera salvífica humana.

Ora, dentro desta solidariedade universal e ontológica se situa Jesus Cristo e sua ação libertadora, como o percebeu bem cedo a teologia da Igreja primitiva ao elaborar as genealogias de Jesus Cristo, envolvendo a história de Israel (Mt 1,1-17), a história do mundo (Lc 3,23-38) e a história íntima de Deus (Jo 1,1-14). Jesus de Nazaré, na concretez de sua caminhada pessoal, por obra e graça do Mistério, pôde acolher e ser acolhido de tal maneira por Deus que formava com Ele uma unidade sem confusão e sem distinção, unidade concreta e não abstrata que se manifestava e se realizava na vida do dia a dia do operário em Nazaré, e do profeta ambulante na Galileia, nos anúncios que proclamava, nas polêmicas que provocava, no conflito mortal que suportou, na cruz e na ressurreição. Nesse caminho histórico do judeu Jesus de Nazaré ocorreu a máxima autocomunicação de Deus e a máxima revelação da abertura do homem. Esse ponto alto alcançado pela história humana é irreversível e escatológico, quer dizer, representa o termo de chegada do processo humano em direção a Deus. Deus e a unidade, sem perda de identidade de nenhuma das partes, entre Deus e o homem. Esse ponto ômega significa a máxima hominização e também a plenitude da salvação e da libertação do homem.

Porque Jesus de Nazaré é ontologicamente solidário com nossa história, e nós participamos, por Ele e com Ele, deste ponto ômega e desta situação de salvação e libertação. Por isso a fé o proclama como o Libertador e o Salvador universal. Nele as estruturas antropológicas mais radicais, donde irrompem os anseios de unidade, reconciliação, fraternidade, libertação e imediatez com o Mistério que circunda nossa existência, afloraram e chegaram à sua máxima realização. É aqui que reside o sentido secreto e profundo de sua Ressurreição. Cristo, já chegado ao termo final, toca pela raiz do ser todos os homens, mesmo que esses nem tenham consciência disso ou até rejeitem a proclamação desta boa notícia. Ao tocá-los pela solidariedade na mesma humanidade abre-lhes a possibilidade da redenção e da libertação, anima-os na arrancada de todos os exílios e ativa as forças que vão sacudindo toda a sorte de servidões.

Já temos considerado como estas afirmações se fizeram história na vida de Jesus de Nazaré. Por que houve a história da libertação é que se fizeram todas as afirmações acima articuladas. Elas só cobram sentido quando confrontadas sempre de novo com a matriz donde emanaram. Então podemos esperar que deixem de parecer e de soar como ideologias ou como consolos inócuos face a esperanças frustradas.

VII. A TEOLOGIA DA CRUZ E DA MORTE NO HORIZONTE DA HODIERNA TEOLOGIA

As reflexões histórico-sistemáticas feitas acima já levantaram os principais problemas implicados na cruz e na morte de Cristo. Nesta parte visamos conscientizá-los de forma mais sistemática e situá-los dentro da discussão dos últimos anos que tem sido vivamente acesa.

1. Uma interrogação sempre em aberto...

A olhar a história deparamos com a presença truculenta da anti-história, das imensas dimensões do mal, do sofrimento, da violência e do crime. O que nos causa problemas não é tanto a violência física e cósmica que pode fazer vítimas, como a turbulência do mar, dos vendavais, do fogo, dos terremotos, da degeneração biológica etc. O que se torna problemático para o homem é a vigência do mal causado e inflingido violentamente pelo homem sobre o outro homem, de grupos humanos contra outros grupos humanos. Há um excesso de agressividade nas sociedades modernas e na atividade do homem, excesso que se tornou um desafio para a meditação antropológica.

Há um mal e uma dor que são o preço a pagar para todo o crescimento. Possui um relativo sentido em vista do bem almejado e logrado. Mas há um mal e uma dor que são fruto da imbecilidade humana e do desmesurado ódio de seu coração, mal e dores causados voluntariamente. E existe toda uma história do mal, a paixão deste mundo que se corporifica em ideologias, em estruturas e dinamismos sociais tendentes a gerar violência, humilhação e assassinatos coletivos.

Há males e mortes que, embora violentos, podem ser vistos com complacência: as pessoas sofrem pela maldade que fizeram no mundo. Há um sentido de compensação e de castigo justo devido àquilo que quiseram para os outros e que agora se volta sobre eles mesmos.

Mas há também males e existem mortes que são suportadas por aqueles que quiseram amor no mundo, por aqueles que se empenharam na geração de um mundo mais humano; tiveram que anunciar e denunciar, viveram um projeto de grande reconciliação e sonharam com um mundo onde fosse mais fácil ser irmão do outro e onde o amor fosse menos oneroso. E morreram violentamente, vítimas de sociedades fechadas e de ideologias afinadas com privilégios de grupos egoístas. Morreram como inocentes, vítimas do ódio que pretendiam superar. Como diz com infinita tristeza e ao mesmo tempo com profunda esperança o autor da Epístola aos Hebreus: "pela fé tantos sofreram escárnios, foram flagelados e mesmo em cadeias e prisões, foram apedrejados, serrados, pereceram pela espada, andaram vagueando vestidos de peles, de peles de ovelhas, de cabras, desnudados, oprimidos, maltratados, esses de que o mundo não era digno, andavam errantes pelos desertos, pelos montes, nas cavernas, e nos antros da terra. E todos esses, embora provados pela fé, não conseguiram a realização da promessa" (de um mundo melhor: Hb 11,36-39). Morreram e foram mortos. Suas mortes parecem absurdas e sem sentido. Quem dará sentido "ao sangue dos profetas derramado desde o começo do mundo"? (cf. Lc 11,50). Que sentido tem o assassinato de tantos anônimos, camponeses e operários que lutaram por uma vida mais humana e digna para si e para os outros e foram massacrados pela prepotência dos poderosos? Quem os ressuscitará? O Senhor nos diz: "serão pedidas contas pelo sangue dos profetas mortos" (Lc 11,50), mas quando será isso? Há alguma saída para a existência humana triturada?

Neste contexto é que se situa o sentido da morte e da cruz de Jesus Cristo. Os problemas implicados são portanto:

cruz
- aquele que a causa e a inflige (agressor)
- aquele que a suporta e a sofre (crucificado)
- aquele que a suporta e sofre para os outros (sacrifício)
- Deus que permite infligir e suportar a cruz
- Deus que assume, sofre e morre na cruz.

A fé cristã apresenta Jesus Cristo morto, crucificado na cruz e ressuscitado como aquele que assumiu todos os grandes problemas provocados pela temática do mal, como pecado, e da cruz como mistério da paixão da história: sofreu a violência de seu tempo; suportou a cruz e morreu nela livremente; suportou-a como sacrifício para os outros; isso estava na linha do plano de Deus que respeita a liberdade e a história dos homens; e finalmente quem morria era o próprio Filho de Deus, de sorte que podemos falar: Deus morre na cruz. Esse processo todo vivido e sofrido pelo Filho do Homem e pelo Filho de Deus libertou o mundo do absurdo da cruz e da morte; fê-los chance de redenção e de encontro com Deus. É o que professamos na fé cristã.

Antes de abordarmos, rapidamente, cada um destes pontos, vejamos algumas tendências modernas.

2. Hodiernas teologias da cruz

A cruz esteve sempre presente à fé, à piedade e à teologia do cristianismo. Sem ela o anúncio de ressurreição significaria uma esperança sem conteúdo: é o crucificado que foi ressuscitado. Entretanto, nem sempre se tiraram todas as consequências daquilo que está latente na cruz e na morte de Cristo. Um intento moderno de pensar radicalmente a fé à luz da cruz foi levado a efeito por Jürgen Moltmann, na parte protestante, e por Hans Urs von Balthasar na parte católica. Mas não foram os únicos. A experiência moderna da dor do mundo provocou outras inteligências que tentaram à luz da paixão dar sentido ao sem-sentido.

a) Jesus Cristo, o Deus crucificado

J. Moltmann parte de uma tese profundamente enraizada na tradição luterana: verdadeira teologia cristã é aquela que se faz à sombra do Crucificado e a partir da cruz. Na cruz se encontra a identidade cristã. Quem pode amar a dor e o sofrimento? E entretanto o cristão segue e anuncia um Crucificado. Foi porque não se colocou a cruz no centro do cristianismo que a Igreja tentou encontrar sua identidade nos ritos, nos dogmas e nas tradições. Mesmo ao nível da prática, coloca-se o problema da identidade: o que caracteriza o cristão não é o fato de ele se engajar numa melhoria do mundo, como tantos o fazem hoje, sob outras ideologias e inspirações; se um dia lograrmos realizar uma sociedade sem classes, projeto de quase todos os movimentos libertários modernos, mesmo assim o cristão conservaria sua identidade; isso porque ela se encontra na cruz que o faz louco para os sábios, escândalo para os piedosos e incômodo para os poderosos. Tanto o verticalismo da oração como o horizontalismo do amor que incide na transformação do mundo sucumbem diante da cruz, onde tudo é questionado: um Deus se cala diante do grito orante de Jesus e um Deus se manifesta impotente diante do empenho de Jesus que passou pelo mundo fazendo o bem e transformando as relações humanas. A teologia da cruz crucifica o cristão. Ela questiona todos os nossos modelos, nossas representações sobre o homem, sobre Deus, sobre a sociedade. Ela obriga o cristão a possuir uma identidade que não pode ser projetada num modelo político, religioso e de um futuro imanente na história. Ela destrói tudo isso e deixa o homem nu, como o Crucificado na cruz.

A partir desta visão Moltmann procura situar a morte de Jesus. Em que ela revela sua identidade última que é então a identidade cristã? Mostra o processo de Jesus, no qual Ele foi condenado como blasfemo e sedutor messiânico. Sua morte é consequência de uma vida coerente. Entretanto não basta dizer que morreu como um profeta ou um mártir. Tudo isso é verdade, mas não a última verdade que identifica a identidade. Em que reside? Reside (além da rejeição dos judeus e dos romanos) na rejeição de Deus mesmo. Deus rejeitou seu Filho. O grito de abandono e de desespero na cruz traduz a rejeição do Pai. Jesus sofreu a absoluta ausência de Deus, mergulhou nos tormentos do inferno. A morte de Jesus significa o absoluto fim de sua causa e o fracasso total de seu anúncio. Aqui está o próprio da cruz de Jesus, à diferença de todas as cruzes da história.

Esta compreensão destrói todos os nossos conceitos de Deus. Não é mais o Deus, pleníssimo de Ser, que nos defende contra todos os que nos querem tirar o seu. Ele é um Deus que aniquila. Aparece no seu contrário: sua graça nos pecadores, sua justiça nos maus, sua divindade num crucificado.

Revela-se na impotência e não na potência. O Deus de Jesus Cristo é assim o Deus que destrói e torna idolátricas todas as imagens humanas de Deus. É por isso que Moltmann, na linha de Barth, recusa-se a aceitar todo tipo de religião, cristã ou pagã. Elas não passam pelo crivo da cruz. São pulverizadas.

Quem morre na cruz? É Jesus, o Filho de Deus. Portanto, a cruz e a morte guardam uma relação estreita com Deus. Deus é atingido pela morte. Daí o título do livro, sem vírgula entre as palavras, Deus crucificado. Deus é o sujeito e o objeto: Crucifica e é crucificado. Crucifica porque Ele amaldiçoa o Filho e o rejeita. Este morre como um Deus abandonado. Deus sofre a morte do Filho na dor de seu amor. Em Jesus, Deus, pois, é também crucificado e morre. A morte de Cristo, Filho de Deus, realiza uma possibilidade de Deus, de morrer e de ser crucificado. Se Deus não morresse, não seria maior do que o homem que pode morrer. Na cruz se revela, pois, a Santíssima Trindade, o Pai que rejeita, o Filho que é abandonado e o Espírito como força com a qual tudo acontece e se mantém na unidade.

Destarte a paixão do mundo é assumida por Deus; não é exterior, mas interior ao próprio Deus. Entretanto, não devemos pensar, assevera Moltmann, que a morte e os motivos que levam à morte como o ódio e a violência sejam assim eternizados, porque pertencem a Deus. Deus deve ser pensado em processo. Deus é vulnerável e mutável, exatamente porque pode sofrer e amar. No fim, quando Deus mesmo chegar a sua identidade, e o Filho entregar o Reino ao Pai, então Deus será tudo em todas as coisas, e o mal e a morte não vigorarão mais. Deus mesmo terá superado o rejeitar, o matar, o crucificar e o ser crucificado... Será Deus em sua glória.

b) Deus diz não ao sofrimento

Em seu livro *Contra a reconciliação de Deus com a miséria, uma crítica do teísmo cristão e do ateísmo* U. Hedinger proclama uma linha de reflexão totalmente diferente daquela de Moltmann. O sofrimento não se aceita, combate-se: eis a tese fundamental de Hedinger. Qualquer justificativa do sofrimento que inclua Deus agrava em vez de encaminhar o problema. A solução teísta que afirma Deus Pai onipotente mantém a dor numa distância infinita dele. A solução dialética que afirma a simultaneidade e alternância da vida e da morte neutraliza teoricamente o mal, mas não faz caso do mal-crime, do mal-ódio que não é assumido numa síntese superior. Verifica-se uma não identidade no processo dialético e um mal totalmente absurdo. O ateísmo cristão de muitos teólogos, que sustenta ser Jesus crucificado o lugar-tenente de Deus e que ele suporta com os homens a dor, também não responde por que perpetua o mal e não o elimina.

Não há justificativa para o mal. O Reino é de felicidade e não de integração do mal. A espiritualidade da cruz é dolorismo e amortecimento das forças para debelar o mal do mundo. O mundo, porém, só será liberto e somente será bom, na escatologia. Até lá, no processo da criação-em-fieri, persiste o mal. O mal é o "ainda-não". O pecado é o recusar-se a crescer, a desenvolver-se, a superar as imperfeições, recusar-se a colaborar com Deus para que a criação seja não só de Deus, mas também do esforço do homem. Hedinger prefere um dualismo do que atribuir o mal a Deus. Toda sublimação da dor e do mal, como faz Moltmann, é crueldade. O sofrimento não pode ser o dado focal da história do amor. Isso não o é nem na experiência humana nem na experiência que temos de Deus. Pelo contrário: Deus é amor e não laceração e revolta de Deus contra Deus: "Deus contra Deum". Como pode ser o matar, o rejeitar, momentos do amor de Deus? A destruição do outro jamais é experimentada como manifestação de amor. A morte de Cristo é um crime de assassinato político. Jesus não precisava morrer na cruz para manifestar o amor de Deus Pai. A morte é fruto de uma vida de fidelidade ao Pai.

Daí não se poder dizer que Deus seja o autor do mal e do bem, do abandono e do amor. A rejeição do Pai para com o Filho significaria um Deus sem amor. Se, entretanto, dizemos que Deus sofre conosco e sofreu em Jesus Cristo isto significa: Deus é solidário com os que sofrem, sofrendo também, para libertar do sofrimento com a introdução de uma forma de amor que se propõe assumir a dor e a morte. Não porque percebe um valor nela, mas para de dentro torná-la impossível. Enquanto a criação está a caminho de sua identidade, e por isso nem todo o mal foi vencido, significa que também Deus está a caminho. Quando irromper a criação em Deus, então também Deus será plenificado.

c) O sofrimento não tem sentido, mas podemos conferir-lhe um

A obra da notável teóloga leiga protestante Dorothea Sölle com o título *Leiden* (Sofrimento) é uma acirrada polêmica, especialmente contra Moltmann. Para Sölle o sofrimento não tem sentido, embora possamos dar-lhe um. Existe um sofrimento que podemos superar e há outro face ao qual somos impotentes. Diante da profunda dor, toda palavra é vazia, toda expressão uma traição. Nada há que fazer senão calar e assistir a um mistério apofático. Mesmo que Deus interviesse e fizesse suspender o martírio da criança inocente, nem assim haveria uma resposta. Podemos nos acercar somente daquela dor que podemos modificar e da qual podemos aprender. A dor e a morte que assumimos por causa do nosso empenho em minorar a dor do mundo é que possuem sentido. O cristão não é um estoico que deixa acontecer e assiste impassível o grassar dos males no mundo. Revolta-se positivamente operando um esforço de superação.

Que relação possui a dor com Deus? Sölle diz com razão: Deus não evita a dor como castigo, nem como prova para a obediência, pois isso implicaria uma imagem de Deus arbitrário. Deus não atormenta nem quer a dor. Deus não é sádico. Quer nossa luta contra a dor. A dor que nasce da luta: esta é digna e querida por Deus. Não porque quer a dor, mas porque quer nosso esforço. Faz em seguida violentas críticas a Moltmann, como detalharemos posteriormente. Também Sölle se recusa a reconciliar Deus com a miséria. "Quem não chora, não tem necessidade da utopia; mas quem somente chora, para esse Deus é mudo." O homem deve assumir o desafio da dor, para gerar amor e assumir com amor, embora gere dor.

d) A memoria passionis

O caminho de J.B. Metz está num processo ininterrupto. De uma teologia antropológico-existencial *(Antropocentrismo cristão* do ano de 1962), passa para teologia da secularização *(Teologia do mundo,* 1965-1966), desembocando na teologia política (1967ss.). A partir de 1969 fala da *memoria passionis* que invoca um novo método de fazer teologia, a teologia narrativa, contrabalanceando a teologia argumentativa (1972ss.).

O conteúdo da fé cristã não pode ser articulado somente dentro de um horizonte concordista e argumentativo, nem tampouco num método dialético para equacionar os problemas e contradições de ordem histórica e social. Subsiste sempre uma dialética negativa que não é assumida numa síntese ultrapassante. Em outras palavras: há um mal que não é bem para nada. É pura iniquidade e maldade. A história dos matados e injustiçados não pode ser refeita. Eles ficam na história como permanente denúncia ao *homo emancipator,* ao homem que pretende fazer um progresso linear e sem sacrifícios. É aqui que entronca a *memoria passionis,* a memória perigosa e subversiva dos humilhados e ofendidos, dos que foram vencidos e que pode despertar perigosas visões, encabeçar novos movimentos libertadores... Jesus é narrado dentro de uma memória assim. Não se argumenta. Conta-se a história. Esta história rompe todas as totalidades que querem inserir o mal, a dor, o pecado como função dentro de um mecanismo maior. Há uma negatividade que não se deixa enquadrar. Ela não tem sentido. Mas pode ter futuro. É o que se revelou em Jesus Cristo ressuscitado. Um crucificado, absurdamente matado, é que ressuscitou e assim respondeu ao enigma da história: os matados, desde o começo do mundo, vivem como Jesus. A *memoria passionis* se transforma então em *memoria ressurrectionis*. Esse futuro mostra que o sentido não constitui apenas um potencial dos vencedores e arrivistas. Na ressurreição se mostra um outro sentido que é futuro daqueles que foram a *massa damnata*, os esquecidos e barrados da história. Assim a Igreja que une as duas memórias não é uma comunidade argumentativa, mas narradora, atualizadora de recordações e memória viva. É o evangelho vivo dentro de sua vida. Mas deve saber contar e narrar, saber recordar e rememorar de tal sorte que signifique o desmascaramento das ideologias totalitárias. O pensar argumentativo não é dispensado de sua função: serve de apologética para defender a narração e continuamente atualizá-la.

e) A cruz não é para se entender, mas para se assumir como escândalo

Hans Urs von Balthasar se nega a transcender, mediante a razão, o escândalo que significou a cruz para todo o pensamento humano. Ela é escândalo. Na medida em que exatamente permanecer como escândalo ela é cruz. Dentro de um quadro de intelecção deixa de ser cruz e passa à função de outra realidade e assim se perde como cruz escandalosa.

Inicialmente, diz Balthasar, a própria encarnação possui um caráter "passional", isto é, está orientada para a Paixão. Encarnação significa que Deus assume a totalidade da experiência humana, a experiência do pecado e do inferno. Cristo assumiu tudo isso, ao longo de sua vida, até a morte, até a experiência que todos fazemos do abandono de Deus até da descida ao inferno como o sentir-se absolutamente condenado. Daí é que a paixão deste mundo se transforma em paixão de Jesus Cristo. Esta kénose implica uma mudança na imagem de Deus que foi prejudicada pela concepção estática grega do *Deus immovens*. A tradição faz duas afirmações fundamentais: a máxima kénose na cruz é glória (São João: a morte é elevação num duplo sentido: elevado na cruz e elevado na glória); pela encarnação, Deus não só redimiu o mundo, mas revelou sua própria profundidade última. Daí que a encarnação afetou Deus, pois que Ele *se* revelou. Esta revelação implica que o mundo e a encarnação devem ser pensados intratrinitariamente e não apenas como obra *ad extra*. Aceitando isso impõe-se: encarnando-se, Deus, a Santíssima Trindade assume a dor e a morte. Morrendo na cruz, Deus permanece Deus e a morte é uma forma de Deus. A onipotência de Deus consiste em poder suportar tudo, não em poder evitar tudo. A imutabilidade de Deus reside em poder mudar-se totalmente. Em outras palavras: o imutável de Deus é que Ele seja sempre mutável e processo.

Existe uma verdade teológica que fica entre a pura imutabilidade de Deus a ponto de a encarnação significar apenas algo exterior a Deus e entre uma tal mutabilidade de Deus que a autoconsciência de Jesus fica totalmente alienada dentro da consciência humana, que é a seguinte: o cordeiro imolado desde o começo do mundo (cf. Ap 13,8; cf. 5,6.9.12).

Concretamente: O caminho de Jesus Cristo deve ser pensado dentro do plano eterno de Deus que é um plano envolvendo tudo, dor, morte e cruz: tudo isso pertence ao Filho eterno. Assume tudo isso quando se encarna.

A imagem de Deus deve, pois, mudar, alargando os horizontes da compreensão daquilo que chamamos mundo e história. Não entendê-los fora de Deus, mas dentro do processo trinitário de Deus mesmo. Então se entende que Deus possa mudar. A mudança do mundo não é senão a forma mundana da mudança de Deus.

Deus deve ser buscado *sub contrario*. Lá onde parece não haver Deus, lá onde parece que Ele se retirou: lá está maximamente Deus. Essa lógica contradiz a lógica da razão, mas é a lógica da cruz. Esta lógica da cruz é escândalo para a razão e deve ser assim mantida, porque só assim temos um acesso a Deus que de outra maneira jamais teríamos. A razão busca a causa da dor, as razões do mal. A cruz não busca causa nenhuma: aí mesmo na dor Deus está maximamente. Lá onde a razão via ausência de Deus, na lógica da cruz, está a plena revelação de Deus. Balthasar move a partir daí uma polêmica rude contra toda a filosofia que tenta fazer da cruz um princípio de intelecção universal. Ela não é nada disso: deve se manter como cruz, como uma treva diante da luz da razão e da sabedoria deste mundo.

O *hiatus* que vai entre uma e a outra só se realiza na ressurreição, como realidade escatológica. Aí se mostra que a vida presente na cruz se revela em plena luz. A ressurreição não é obra da luz da razão, mas das trevas da morte; por isso é o crucificado que ressuscita, não é Apolo, nem Júpiter, nem o homem na sua glória que passa para uma glória maior. É o abandonado, o rejeitado. Isso vem mostrar que dentro do abandono e da rejeição há uma vida diferente e plenamente divina: é a ressurreição. Esta, a ressurreição, representa a unidade do próprio processo trinitário.

A cruz pensada trinitariamente é mais do que cruz somente do Filho. Ela implica as três pessoas divinas: o Pai como o agente principal, o Filho como aquele que solidariamente com os homens experimenta o que significa dizer não a Deus, sem Ele mesmo ter dito não (Hb 4,15), e o Espírito Santo como reconciliação de tudo, do Pai com o Filho e da criação com Deus.

f) A cruz é escândalo porque é crime

As reflexões teológicas no horizonte da teologia da libertação acerca do significado histórico e salvífico da cruz se concentram principalmente na dimensão encarnatória da salvação. "A teologia da cruz deve ser histórica, quer dizer, há de ver a cruz não como um desígnio arbitrário de Deus, senão como a consequência da opção primigênia de Deus: a encarnação. A cruz é consequência de uma encarnação situada num mundo de pecado que se revela como poder contra o Deus de Jesus" (Jon Sobrino, 155).

A cruz deve ser entendida como solidariedade de Deus que assumiu o caminho da dor humana, não para eternizá-la, mas para suprimi-la. A forma como a quer suprimir não é pela força e dominação, mas pelo amor. Cristo pregou e viveu esta nova dimensão. Foi rejeitado pelo "mundo", orientado para a automanutenção do poder. Sucumbiu a esta força, mas não desistiu de seu projeto de amor. A cruz é símbolo do poder humano; é símbolo da fidelidade e do amor de Jesus. O amor é mais forte que a morte, face à qual sucumbe o poder. Daí que a cruz-lealdade, a cruz-amor triunfou. Isso se chama ressurreição, uma vida mais forte que a vida-poder, vida-bios, vida-ego. A cruz não pode ser projetada para dentro de Deus. De que cruz se trata? Da cruz do amor? Esta sim. Mas esta só surge como consequência da cruz-ódio. A cruz em si mesma não é símbolo de amor e de encontro, porque é forma de suplício e meio como o homem dá azo ao seu poder vingador. Daí que em Deus não se pode projetar esta cruz, caso não quisermos destruir toda possível compreensão de Deus. O Deus que morre e que rejeita o próprio Filho só é compreensível dentro de uma teologia do amor. O rejeitado substitui e representa os pecadores do mundo. *Não é rejeitado porque é Filho. É rejeitado porque se fez pecado do mundo,* sem entretanto ter cometido qualquer pecado.

O empenho da fé e do cristianismo organizado como força histórica é tornar cada vez mais impossível o ódio que gera a cruz, não como violência que tudo impõe, mas como amor e reconciliação que a todos conquista.

3. Convergências e divergências nas várias posições

a) Um Deus que não sofre não liberta do sofrimento

Todas estas visões teológicas constituem realmente visões. Talvez a forma mais teológica de falar dos radicais problemas humanos como o sofrimento, a morte, o amor, a vida seja mediante a linguagem simbólica e mítica. Elas não explicam muito, mas "fazem pensar" e mostram uma saída que não é uma fórmula, nem a conclusão de um argumento, mas é um andar junto, um solidarizar-se, um chorar junto e junto consolar-se. Isso supõe a passagem de um conceito de Deus estático, apático (que não sofre) para um Deus vivo, patético (que tem *pathos* e pode sofrer). Isso é feito por todos os autores. Como diz Bonhöffer, um Deus que não sofre não nos pode libertar. O problema reside entretanto em como entender o sofrimento de Deus. Como falar sobre ele?

b) Um Deus que morre: de que Deus se trata?

Pode-se inserir o sofrimento e aproximar a morte a Deus de tal maneira que Deus se torna o sujeito da dor, do sofrimento e não apenas o objeto do sofrimento e da dor causados por outros (Deus ativo: produz a dor no mundo; Deus passivo: sofre a dor do mundo, solidariza-se com ela)? E aqui começa o grande problema. Deus feito indistintamente Sujeito da morte (Deus morre e causa a morte) provoca um modo de falar teológico profundamente ambíguo e primitivo. Em Moltmann nota-se uma ausência *profunda* de rigor teológico no seu discurso. Deus é epifânico, aparece como Dor e Morte. A linguagem descreve um fenômeno como descreve outros da experiência quotidiana. Daí a sem-cerimônia com que fala "da revolta de Deus contra Deus", "desunião em Deus", "inimizade entre Deus e Deus", "Deus que rejeita, é contra Deus", "Deus mesmo abandonado de Deus", "abandono de Jesus na cruz como um ato positivo e exclusivo do Pai que rejeita e se irrita contra o Filho"... Aqui caímos numa forma de falar primitiva, mítica no sentido pejorativo porque articulada dentro de uma consciência objetivante. Não é mais um falar teológico que se dá conta da ambiguidade e do caráter analógico de nosso discurso sobre Deus. Tudo isso está ausente, ingenuamente, num dos teólogos mais celebrados do momento.

c) Deus crucifica o seu Filho?

A tese mais difícil de Moltmann e também em boa parte de Balthasar é que o Pai realiza o sacrifício do Filho na cruz. O Pai faz aquilo que Abraão não fez; este tentou sacrificar o filho Isaac. O Pai foi mais longe: matou o Filho. Moltmann fica fascinado com tal ato, pois estamos diante de uma radical teologia da cruz. Não é mais, na teoria freudiana, o Filho que mata o Pai, é o Pai que mata o Filho.

Isso é dito tanto por Balthasar como por Moltmann para ressaltar a cruz como escândalo. Aqui não se sabe mais: ou a cruz é escândalo face a uma compreensão humana (religiosa dos judeus e filosófica dos gregos) ou deve ser um escândalo tão absoluto que o é também para Deus? Parece que tudo é dito para romper com qualquer possibilidade de o *logos* funcionar. Não há mais controle por nenhuma instância. É um fato bruto. Dogmatismo o mais radical. Tal dogmatismo está a um passo do ateísmo. Fideísmo e ateísmo possuem a mesma estrutura. Daí se entende que não há mais nada para obviar um total ateísmo ou reduzir o cristianismo a um dogmatismo fanático que se afirma como pura vontade de poder. Apresentar tal realidade da cruz como libertação e crítica a todos os projetos libertadores é a forma como se universaliza uma escravidão. Liberta-se fazendo todos escravos de um conceito tirânico de Deus, absurdo, sem qualquer instância de racionalidade e de luz, como pura escuridão e arbitrariedade, pois Ele resolveu em seu eterno arbítrio instaurar a cruz pela cruz, a sacrificação do Cordeiro por pura determinação.

Se tais afirmações são ditas para manter vivo o escândalo, então pode-se passar a formas ainda mais escandalosas contra todo o bom-senso e a medida do bom-tom. Diz-se: quem morre é o Filho de Deus, logo a morte tem a ver com Deus, é Deus que morre. Correto, mas não *in recto,* somente *in obliquo*. Deus não morre *in recto* porque o morrer é o modo próprio de ser-homem. Deus não aniquilou o homem quando o assumiu mas o fez *inconfuse*. Portanto, respeita o modo de ser próprio do homem. Mas por causa da íntima união podemos dizer *in obliquo* num sentido translato que Deus morre. Mais. Jesus sorriu, Jesus comeu, Jesus fez digestão do que ingeriu, Jesus teve as necessidades humanas da fome, da sede, do sono, de fazer necessidades biológicas. Na lógica de Moltmann podemos logo transformar isso em problema trinitário: que significa que Deus tem que fazer necessidades fisiológicas? Como se insere no processo trinitário? E acabamos por transformar a fé trinitária e cristológica num capítulo da mitologia antiga e numa porção da moderna pornografia. A linguagem perdeu seu rigor e degenerou em puro mecanismo dedutivo de fórmulas, materialmente interpretadas.

Somos da opinião de que quando a fé diz, na reverência do silêncio místico, Jesus é Deus, diz tudo o que pode dizer. Depois só cabe o silêncio porque o que disser a mais é vazio, supérfluo ou redundante. Por isso não podemos construir e continuar a falar sobre esta realidade. À teologia e à fé cabe unicamente mostrar que dizer Jesus é Deus não é contraditório. Não poderá tomar Deus como uma instância fixa, estável e dela deduzir, porque esse Deus não seria mais aquele da fórmula "Jesus é Deus". Seria um ídolo, qualquer coisa da qual pode deduzir. Além deste trabalho apologético de mostrar a não contradição, à teologia cabe não fazer uma sistemática teológica da combinação Deus-Homem, mas cabe elaborar uma ética: como andar junto com Jesus que é também Deus? Como segui-lo para aproximarmo-nos cada vez mais dele? O caminho ocidental da teologia caminhou na direção de uma sistemática, com todas as contradições insolúveis e falsas com as quais se debate até hoje. Não elaborou uma ética e uma política. Por isso que decaiu numa abstração doutrinária e entregou a ética e a organização da vida a princípios pagãos da ética de Nicômaco ou aos imperativos da *raison d'Etat* ou da Igreja-grande-instituição.

Na visão de Moltmann, a paixão se reduz no fundo a uma causalidade única: aquela de Deus Pai. Não se toma a sério a causalidade dos adversários que, com seu fechamento, produziram a morte histórica de Jesus. Tudo isso é subsumido em Deus. É verdade, pergunta por exemplo Sölle, que o Pai é causa do sofrimento de Jesus? Não, porque Jesus sofreu livremente e por amor do mundo, da sociedade e dos sofredores e da ânsia do Absoluto. A humanização da dor do mundo não consiste em que o Filho também tenha sofrido, mas no *como* Ele sofreu. Se Ele também sofre como todos sofrem, assume a dor pela dor, porque a Dor é Deus, pois Este também sofre e é Dor, então não há possibilidade de superar a Dor. Ela é eterna. Estamos indissoluvelmente perdidos e entregues a seus dinamismos desumanizantes. A experiência da dor, nesta visão, é sem esperança.

Existe um paralelismo surpreendente entre esta teologia que descarrega toda a violência em Deus, e aquela visão tenebrosa do nazismo. Sölle cita um tópico de Himmler, por ocasião de sua visita a Poznan, na Polônia, lugar de concentração e eliminação de prisioneiros. Aos subordinados fala assim:

> A maioria de vós sabe o que significa que se amontoem, cem, quinhentos, mil cadáveres no mesmo lugar. Haver aguentado isso, e tirando as exceções próprias da debilidade humana, haver mantido a correção, isto é que vos endu-

receu. Eis aqui uma página gloriosa de nossa história, que até agora ninguém escreveu e nem irá jamais escrever" (cf. HOFER, W., 1957).

O equívoco desta teologia que projeta indiscriminadamente a dor e a cruz no seio de Deus mesmo consiste em aceitar o Pai como o assassino de Jesus. A ira divina não se sacia com a vingança sobre os filhos, irmãos de Jesus; estende-se sobre o Filho unigênito. Assim o filicídio assume uma dimensão sacral e teologal. A semelhante visão macabra devemos recusar qualquer legitimidade cristã, porque destrói toda a novidade do Evangelho e o faz instrumento para sacramentalizar a iniquidade do mundo. Não é para isso que fomos batizados, mortos e ressuscitados em Jesus Cristo.

Se Deus se cala diante da dor é porque Ele mesmo sofre, assume a causa dos martirizados e sofredores (cf. Mt 25,31). Ela não lhe é alheia. Mas se a assumiu não foi para eternizá-la e tirar-nos a esperança. Pelo contrário: porque quer dar cabo a todas as cruzes da história.

O cristianismo começou por ser uma religião de escravos, de proletários e de marginalizados, porém não para eternizar esta situação, senão para superá-la. É uma moral subversiva das relações de senhor-escravo.

Para que serve a dor? Para transformar e mudar o mundo? Então tem sentido e é uma tristeza segundo Deus, na linguagem paulina (2Cor 7,8-10). Para a aniquilação e o esclerosamento? É então tristeza segundo o mundo e para nada serve, senão para cavar o próprio inferno para aquele que comete o mal (cf. 2Cor 7,8-10).

O problema do mal não é um problema de teodiceia, mas de ética. Entende-se o mal, o seu peso e a sua superação, não especulando sobre ele, mas assumindo uma prática de combate e de geração do bem e daquelas causas que produzem o amor e a libertação das cruzes deste mundo.

d) Deus dolente: como sofre Deus?

Dizer que Deus é amor é dizer que Ele é vulnerável. Em outras palavras, Deus ama e pode ser correspondido ou pode ser rejeitado. Dizer Deus é amor é postular um polo que também é amor, o qual pode entabular um diálogo de amor com Deus. Amor somente se dá na liberdade e no encontro de duas liberdades. A história da salvação mostra a capacidade de recusa do homem ao Amor. Isso não é indiferente a Deus. Deus sofre pela recusa do Amor. Entretanto o amor não quer o sofrimento. O amor quer a felicidade. Porque quer sumamente a felicidade do outro, continua a amá-lo mesmo quando ele se recusa a amar. Assume sua dor, porque o ama e quer condividi-la com ele. Este é o sofrimento de Deus, fruto do amor e de sua infinita capacidade de solidariedade. Diz Moltmann com razão e nisso o apoiamos: "A Trindade é completamente em si mesma e completa em si mesma. Entretanto está aberta ao mundo e ao homem e é "imperfeita" no seu ser de amor no mesmo grau que o amante que não quer ser perfeito sem a participação do amado" *(Theologische Quartalschrift* 153 [1973], 350).

Entretanto, não devemos projetar em Deus os mecanismos geradores de dor, de cruz, de divisão, de ódio entre os homens. Numa palavra, não podemos ligar Deus e cruz, como uma ligação em sua identidade divina. Se assim fora, estaríamos perdidos. Se Deus mesmo sofre em sua essência, se Deus odeia, se Deus crucifica, então estamos sem salvação. Pois Ele seria simultaneamente bom e mau e estaríamos entregues à alternância eterna de bem e mal. Como falar em redenção que vem de Deus, *se Deus mesmo necessita de redenção?*

A cruz afeta, apesar disso, a Deus, porque ela significa violação de seu projeto histórico de amor e viola o direito divino sagrado. Ela significa rebelião, constituição do Reino do homem sem Deus. Se Deus está para além da cruz-ódio, se Deus não entra no mecanismo da cruz-crime, então esse Deus pode transformar a cruz em amor, e fazê-la bênção.

Se Deus fosse cruz, nada significaria a redenção de Jesus e sua solidariedade com os crucificados do mundo. Para sofrer Deus tem que assumir o diferente dele. O diferente de Deus, o totalmente diferente de Deus, é a situação de não Deus, de negação de Deus, a situação de cruz-crime. Se em Deus houvesse cruz, a encarnação de Deus já instituiria a cruz e Deus não teria assumido nada. Teria revelado o que Ele é: cruz e dor. Seria Ele mesmo projetado no mundo. Mas porque Ele não é cruz, pode assumir a cruz como algo de novo também para Deus. E isso é um ganho até para Deus. Assume como solidariedade para com os que sofrem. Não para sublimar e eternizar a cruz, mas para solidarizar-se com os que sofrem na cruz, para transformá-la em sinal de bênção e de amor sofrido. O amor é, portanto, o móvel.

Aqui reside o sentido de Deus na cruz, das afirmações do Deus dolente e de uma teologia patética. Nesta visão ganha uma dimensão divina a pobreza, a decisão, o ultraje e o sofrimento suportados. Não para amortecer a consciência na luta contra a paixão do mundo, mas para dizer que somente na solidariedade com os crucificados se pode lutar contra a cruz, somente na identificação com os atribulados da vida se pode efetivamente libertar das atribulações. E esse foi o caminho de Jesus, a via do Deus encarnado.

4. A cruz como morte de todos os sistemas

A cruz não pode ser colocada como princípio gerador de um sistema de compreensão, como o fez Moltmann e como o faz Balthasar. A cruz é a morte de todos os sistemas, porque ela não se deixa enquadrar em nada. Faz romper todos os laços. Ela é símbolo de uma total negação. Ela é pecado e recusa de Deus. Por isso é fruto de uma liberdade. Em quase todos estes sistemas que referimos acima, quase nunca se fala da liberdade humana, capaz de uma grande recusa a Deus e capaz de criar o inferno. A cruz nasceu de uma recusa do Reino. Como pecado é totalmente absurda. Não possui nenhuma inteligibilidade. Por isso é que não pode constituir um elo dentro de um sistema lógico e coerente. Ela rompe tudo, porque rompe com Deus, o Logos absoluto. Entretanto se a cruz é absurdo, mais absurdo ainda é Deus tê-la assumido. Aqui está o fato decisivo e verdadeiro. Embora absurda, ela entretanto não constitui limite para Deus. Ele é tão grande, tão para além de qualquer possível negação, que pode ainda assumir o absurdo. Não para divinizá-lo, não para eternizá-lo, mas para revelar as dimensões de sua glória que ultrapassam qualquer luz que venha do *logos* humano e qualquer escuridão que venha do coração. Deus assume a cruz em solidariedade e amor com os crucificados, com aqueles que sofrem a cruz. Diz-lhes: embora absurda, a cruz pode ser caminho de uma grande libertação. Contanto que tu a assumas na liberdade e no amor. Então libertarás a cruz de seu absurdo e te libertarás a ti mesmo. És e te fazes maior do que a cruz. Porque a liberdade e o amor são maiores que todos os absurdos e mais fortes que a morte. Porque podes fazer deles também caminhos para mim.

A cruz entra então dentro da história do amor, daquilo que ele pode como capacidade de solidariedade. A cruz é o lugar onde se revela a forma mais sublime do amor, onde se mostra sua essência. A essência do amor se realiza em poder estar no outro enquanto outro, no totalmente outro. O totalmente outro de mim é o inimigo. Amar o inimigo (cruz), poder estar nele, assumi-lo, isso é obra do amor. Aqui está sua essência. A cruz assumida realiza totalmente o homem, porque lhe confere a chance de amar de forma mais sublime. A cruz não é amor, nem fruto do amor. É o lugar onde se mostra o que pode o amor. A cruz é ódio que é destruído pelo amor que assume a cruz-ódio. Então liberta.

Entretanto a cruz-ódio é um mistério, inacessível à razão discursiva, mas realizável numa práxis humana. Não há nenhum argumento lógico que justifique a negação do homem a outro homem e do homem a Deus. E entretanto acontece. A cruz portanto não pode ser sistematizada dentro de uma concepção coerente do mundo e de Deus. Lacera tudo. Por isso ela é símbolo de nossa finitude e o limite de nossa razão. A cruz crucifica a razão e crucifica a teologia como compreensão sistemática de Deus e das coisas divinas. Amar esta fragilidade, entendê-la como forma de mostrar um outro acesso a Deus pela assunção da cruz no amor: é a grande chance e desafio que ela lança a nossa liberdade.

A cruz não está aí para ser compreendida. Está aí para ser assumida e andar o caminho do Filho do Homem que a assumiu e por ela nos redimiu.

VIII. O SOFRIMENTO QUE NASCE DA LUTA CONTRA O SOFRIMENTO

Para os grandes problemas da vida e da morte, da dor e do amor o acesso não se faz pelo conceito, mas pelo mito, não pela argumentação, mas pela narração. A história da reflexão sobre o sofrimento, desde o Jó da Bíblia até o Jó de C.G. Jung, é a história do fracasso de todas as soluções teóricas e do malogro de todos os conceitos. O mal não está aí para ser compreendido, mas para ser combatido: esta é a conclusão que resulta da vida narrada daqueles que ajudaram a conferir sentido ao sofrimento, não por uma perquirição sobre ele, mas por uma luta tenaz contra ele. Sofreram ao combater contra o sofrimento; mas seu sofrimento foi digno, gratificante e profundamente libertador. Eis uma *passio vitae* sofrida muitos e muitos anos atrás.

1. *Mysterium et passio liberationis*

Padre Carlos Alberto é pároco rural, onde há grandes latifúndios nas mãos de poucas e riquíssimas famílias. Milhares de camponeses, semianalfabetos, vivem uma vida "severina", como diz Dom Hélder Câmara: "mais vegetam que vivem. Vegetam não como uma árvore frondosa de fortes raízes, senão como o cactus, seu irmão. Até hoje não se rebelaram. Aprenderam de seus pais, analfabetos, e na capela do engenho de seu patrão a ter paciência, igual àquela do próprio filho de Deus, tão ultrajado e que morreu na cruz para salvar-nos. Deduz a seu modo que a vida é assim mesmo. Formado numa escola de cristianismo e fatalismo, parece-lhe normal que uns nasçam ricos e outros pobres, porque esta é a vontade de Deus" (*Revolução dentro da paz*. Rio de Janeiro, 1968, p. 18). Padre Carlos Alberto logo dá-se conta: evangelizar aqui implica também anunciar e fazer valer os direitos fundamentais da pessoa humana; pastorear exige promover e libertar também sociopoliticamente. Como tornar crível e libertadora para o não homem a mensagem cristã de que Deus é seu Pai? Que mutações estruturais se fazem necessárias no ambiente para que se possa verificar (ficar verdadeiro) e tenha sentido existencial o anúncio de que somos todos irmãos? Com muita dificuldade começa a reunir o povo. Faz-se a leitura e a meditação dos textos do Novo Testamento em pequenos grupos de base que lentamente se vão formando. Não faz nenhuma indoutrinação ideológica: atualiza o Evangelho, aplica-o na vida, faz o povo pensar, dizer sua palavra verdadeira, tomar consciência de que são gente e não peças, nem animais. Insiste muito na força de transformação histórica do cristianismo, como por exemplo na ideia do Reino de Deus. Este não é somente a nova vida para a qual marchamos. Ele já começa aqui na terra e se vai construindo com a graça de Deus e o esforço humano. Pertence ao Reino de Deus possuir um mínimo para uma vida honesta, organizar a higiene, criar escolas e solidarizar-se com todos os homens, especialmente os humilhados e ofendidos. O Reino não é só isso, porque implica a vida com Deus, o perdão dos pecados e o futuro feliz para todos os justos. Mas não seria

Reino de Deus se não postulasse também a transformação deste mundo. As exigências do Reino geram conflitos. Mas é a condição da verdadeira conversão e da libertação. Jesus mesmo provocou conflitos. Sua morte não foi fatalidade; foi causada pelas intrigas de seus opositores que se sentiam ameaçados. Assumiu a morte e o sofrimento com valentia, por fidelidade a Deus e por amor aos irmãos.

A partir do Evangelho o povo se vai libertando da religião da fatalidade e do desalento. Compreende que não é vontade de Deus que haja ricos e pobres. Pobreza não é feita por geração espontânea. Ela esconde um problema de justiça, de falta de solidariedade e de ausência de fraternidade; nasce da ganância desmesurada de alguns. É pecado não só ao nível pessoal, mas também ao nível internacional. No povo miúdo vai surgindo, com a leitura e meditação do Evangelho, uma consciência crítica. Ele começa a questionar o estatuto da terra: se Deus deu a terra a todos os homens, por que há alguns que possuem quase tudo? Por que nós plantamos e colhemos, mas a colheita é quase só do senhor? Como devemos fazer para sermos mais irmãos e para que seja menos difícil amar?

Padre Carlos Alberto sozinho, a duras penas, com sacrifícios que comprometeram sua saúde e o levaram quase a um enfarte, logrou, após 3 a 4 anos, que o povo entrasse num decidido processo de libertação. Tudo isso foi conseguido não sem sofrimento e contradições de toda sorte. Mas é um sofrimento que tem sentido, porque constrói; e é condição de todo verdadeiro crescimento. Antes o povo sofria sem sentido, invadido de terrível desalento: "Deus quer assim; Ele quer que cada qual tenha a sua sorte, uns ricos e outros pobres". Agora surge um outro tipo de sofrimento, tanto para o povo quanto para o Pe. Carlos Alberto, sofrimento de manter as conquistas alcançadas, de caminhar avante, de defender-se contra os que se sentem ameaçados e têm poder sobre a vida e sobre a morte. O patrão se considerava bom e generoso porque, além de dar uma choça a cada família, consentia que ela plantasse na sua terra e colhesse um pouco para si. Agora sente-se ameaçado. Diz: o povo se encheu de novidades, frequentou a escola do Padre, aderiu aos sindicatos rurais, fala de seus direitos, virou subversivo, comunista. Sem vacilar, começa por expulsar os trabalhadores, a queimar suas choças e a lutar contra o causador de tudo: o Padre.

Aqui começa para todos uma verdadeira paixão. Concentremo-nos sobre a figura do Padre, porque a *passio populi nostri* nos levaria muito longe. Primeiramente o Padre Carlos Alberto vê sua comunidade dividida; aqueles comprometidos com o sistema latifundiário já não vão mais à igreja: começam a difamar o Padre, pois acusam-no de fazer politicagem; depois, de pregar a subversão, porque luta pela justiça e insiste nos direitos humanos. Deve ser eliminado da paróquia. Vão ao Sr. bispo e fazem-lhe toda sorte de acusações. O povo se solidariza com o Padre. Agravam-se as tensões; há prisões entre o povo, exatamente dos líderes dos grupos de evangelho, sob o pretexto de ocupação de terras. São torturados. As famílias se sentem ameaçadas, mas se mantêm firmes. O bispo, em nome de razões superiores e da ordem perturbada, resolve remover o Padre. A imprensa começa uma campanha de difamação: o Padre utiliza o método marxista, é subversivo. Acaba sendo preso pelos órgãos de segurança nacional. É interrogado. Torturado durante dias sucessivos. Recebe visita do bispo e de muitos sacerdotes. Há uma solidariedade ao nível pessoal. Poucos se dão conta da estrutura de poder que consegue se impor e utiliza o próprio poder sagrado do bispo para se fazer valer, autolegitimar-se e manter a ordem que é ordem na desordem. Tempos depois, o Padre é libertado. Num outro lugar qualquer irá recomeçar tudo de novo. Com o mesmo entusiasmo, apenas mais maduro e com muito mais determinação. Uma alegria que não é deste mundo, porque o mundo não pode gerá-la nem dá-la, vivifica o coração desse mártir anônimo: a alegria de sofrer pela causa de seu povo, de participar da paixão do Senhor e de ter colocado um elo a mais na corrente de libertação histórica que Deus vai armando na mediação do esforço humano para subverter todas as ordens iníquas que se opõem ao Reino.

Este sacerdote representa muitos outros no continente subdesenvolvido da América Latina que continuam a sacrificar-se em quase todos os países. Muitos já foram mortos, como em 1975 o franciscano Ivan Bettencourt num pequenino país da América Central. Solidarizou-se com os camponeses expulsos de suas terras por poderosos latifundiários. Sequestraram-no e interrogaram-no para que confessasse que era marxista e subversivo; cortaram-lhe as orelhas e interrogaram-no; cortaram-lhe o nariz e interrogaram-no; castraram-no e interrogaram-no; cortaram-lhe a língua e pararam com o interrogatório. Depois espicaçaram todo o seu corpo; porque ainda se mexia, metralharam-no; por fim, lançaram-no num profundo poço; atulharam o poço. Foi morto na defesa de seus irmãos. Parece-nos ouvir as *Acta Martyrum* da Igreja Antiga ou o relato da Epístola aos Hebreus: "Outros foram submetidos aos tormentos, recusando a libertação... outros suportaram irrisões e açoites, e ainda mais, cadeias e cárceres; foram apedrejados, torturados, serrados, morreram ao fio da espada, andaram errantes, cobertos de peles de ovelhas e de cabra, necessitados, atribulados, maltratados; eles, de que o mundo não era digno, andaram perdidos nos desertos e montes, nas cavernas e covas da terra" (11,35b-38). São reminiscências de um passado glorioso em sofrimento e martírio. São narrações dos santos anônimos modernos da Igreja que está nascendo das ânsias de mais humanidade e cristidade em nossas pátrias.

Uma leitura da história da Igreja latino-americana a partir da ótica dos humilhados e ofendidos nos faz descobrir toda a dimensão de sofrimento e martírio de tantos que doaram suas vidas em defesa do direito sagrado do outro, do índio, do negro, do explorado. Assim no Rio de Janeiro entre 1576-1680 dos onze prelados que administraram a Igreja três tiveram que renunciar, três foram envenenados (uma suspeita), dois tiveram que desistir, e um foi deposto. A história dos jesuítas no Rio de Janeiro não foi menos sofrida: por diversas vezes foram ameaçados de expulsão da cidade, o que ocorreu em 1640 e de novo em 1661. Foram perseguidos e expulsos também de Santos e de São Paulo em 1640 porque quiseram publicar a bula papal em favor dos índios. Essas perseguições todas eram consequência de sua luta em defesa dos índios, vítimas das conquistas que fizeram, sobre o sangue dos indígenas, a grandeza territorial do Brasil. Só o famoso bandeirante Raposo Tavares foi responsável pela matança de 15 mil índios e pela escravização de outros 10 mil. O Padre Gonzalo Leite (1546-1603) defendeu a seguinte tese: "Nenhum escravo da África ou do Brasil é justamente cativo". Foi punido e teve que regressar a Portugal. O Pe. Antônio Vieira (1608-1697), o maior orador sacro e teólogo da Colônia, empenhou-se de tal forma na defesa dos índios que foi por várias vezes perseguido e quase linchado. (Mais dados em E. Hoornaert, "A tradição lascasiana no Brasil". *Revista Eclesiástica Brasileira* 35 (1975), p. 379-389). Mas o grande profeta da América Latina que sofreu toda sorte de perseguição, que por dez vezes viajou entre a América Central e Espanha para defender os índios, foi certamente Fray Bartolome de las Casas (1474-1566). Na mais autêntica continuidade lascasiana conta-se Dom Hélder Câmara, o maior profeta do Terceiro Mundo. Vive percorrendo o mundo para mostrar o nexo causal entre a opulência dos países desenvolvidos e a exploração dos povos empobrecidos do mundo. A existência de países ricos e países pobres coloca um problema de justiça internacional e significa para a fé cristã a persistência de um pecado estrutural que ofende a Deus e esmaga os irmãos. A consequência de seu anúncio é toda sorte de perseguição, maledicência, ameaças de morte, morte moral ao se lhe coibir qualquer expressão pública e proibir sequer a citação de seu próprio nome pelos meios de comunicação social.

Sofrer assim tem sentido e morrer dentro de semelhante compromisso é digno. Desta forma morreram todos os profetas e o maior deles todos, Jesus de Nazaré. E terão que sofrer e morrer sempre, porque o sistema fechado sobre si mesmo, fatalizador da história, não poderá jamais acolher os profetas que anunciam e querem gestar um reino futuro de maior fraternidade e mais espaço para Deus. Esse sofrimento é o verdadeiro sofrimento porque nasce da luta contra o sofrimento. É o sofrimento que tem sentido, causador de alegria e serenidade e superador dos fatores objetivos que destilam permanente sofrimento, dor e morte. Ninguém sofre por sofrer. O sofrimento não pode ser buscado por si mesmo. Nem o sádico o faz porque ele não busca o sofrimento pelo sofrimento, senão busca o sofrimento pelo prazer que este lhe confere. O que o orienta não é o sofrimento, mas o prazer gerado por ele. O sofrimento que é digno do homem, que o engrandece e o faz semelhante ao Servo sofredor e ao Homem das dores (Is 53,3) é aquele que resulta de um compromisso de luta e de superação do sofrimento causado pela má vontade dos homens, que se fecha ao profeta, o persegue, o difama, o prende, o tortura e o elimina. Este sofrimento não é fatalidade, mas vem assumido dentro do projeto libertador. Por isso é fruto de uma liberdade corajosa e de uma determinação adulta. Ele alimenta e engrandece o homem contra todos os cinismos históricos e contra todo o espírito de resignação. Que estrutura se revela no livre sofredor assim?

2. O que é que faz o sofrimento digno?

É a causa justa que faz o sofrimento digno. A causa justa reside em tomar partido pela justiça dos explorados e pelos direitos dos últimos contra a legalidade da ordem e a coerência do sistema imposto. O sistema quer apresentar-se como uma totalidade significativa, como a verdade para o momento histórico e como a saída libertadora para os problemas do povo. Mas este sistema atropela a dignidade humana, reduz o outro a coisa, expele-o como não homem. O profeta como o Padre Carlos Alberto questiona a totalidade do sistema que não se abre para o outro. Questionar assim é próprio da atitude de fé. Além de seus conteúdos históricos, ligados ao destino de Jesus Cristo e do povo no qual nasceu, a fé cristã é fundamentalmente uma atitude que rompe todos os sistemas fechados. Crer em Deus é crer que qualquer coisa de novo poderá irromper dentro dos arranjos armados pelo homem, algo que poderá modificar salvificamente a vida humana. Por isso, quando um sistema se fecha sobre si mesmo, domestica os valores da religião e enquadra Deus nas malhas de suas próprias realizações, torna-se opressor. Ergue-se o profeta em nome do sagrado direito da pessoa humana ultrajada, porque na causa de todo homem entra em causa também a causa de Deus. Começa a denúncia e a inauguração de uma nova práxis subversiva. O profeta deverá pagar pela "desordem" que causa dentro da ordem denunciada como iníqua. A partir do pobre em quem o profeta tem um encontro com Deus, julga toda a sociedade. Se não se empenhar na denúncia e numa práxis libertadora sente-se infiel a Deus e aos irmãos. Não pode mais retroceder. Esse ser-tomado-por-Deus confere-lhe força, coragem e heroísmo para suportar com serenidade e alegria interior todas as contradições e até a morte. Há valores para os quais deve-se sacrificar a vida. Mais vale a glória de uma morte violenta que o gozo de uma liberdade maldita – dizia o Bispo Fideias ao comentar o martírio alegre dos cristãos (Eusébio de Cesareia. *Historia Eclesiástica,* X, p. 9-10). O mártir da causa da liberdade é testemunha fiel daquela liberdade sacrossanta que ninguém pode, impunemente, violar nem manipular. Este se autodetermina a morrer livremente e acolhe a morte como sacramento contestador de todas as violências. Sua memória é subversiva e má consciência para os opressores.

A fé cristã num absoluto Sagrado no homem e num Deus comprometido com o destino de cada um transforma-se em mística capaz de dar sentido transcendente a toda dor e a todo sacrifício.

Padre Carlos Alberto escrevia da prisão aos seus pais: "Durante os longos interrogatórios a que me submeteram, procurei deixar bem claro minhas convicções, que derivam de minha fé, diante de um mundo no qual nem tudo vai bem. Não me tenho preocupado de como eles as qualificaram. Tinha em mente tão somente o testemunho de Cristo, também ele prisioneiro e condenado. 'Felizes sois vós, quando vos ultrajarem e perseguirem e mentindo disserem todo mal contra vós, por causa de mim'. 'Chegará a hora em que quem vos matar julgará ter feito uma boa obra para Deus', disse ele mesmo a seus discípulos. Seria uma ingenuidade de minha parte pensar de ter feito uma opção cristã sem passar pelo caminho da cruz. Hoje estou convencido que este caminho, embora destrua o homem, o torna mais digno e mais nobre. O que destrói o homem é antes a falta de caminho, mesmo quando se vive na maior segurança".

Após ser barbaramente torturado o Padre Carlos Alberto é reconduzido à cela: tem ainda forças para ler a *passio Domini Nostri Iesu Christi* segundo São João. Sente-se identificado na mesma dor que enobrece. Como se não fosse suficiente, escreve em outra carta: "Às vezes me pergunto: Até quando, Senhor? E tenho a nítida impressão que Ele ainda não exigiu tudo aquilo que eu posso dar".

Parece-nos ouvir os testemunhos dos quais as *Acta Martyrum* estão cheias, como aquele do plebeu Máximo que sendo torturado pelo procônsul Optimus lhe retrucava jocosamente: "Estes não são tormentos que me são infligidos por causa de minha confissão a Nosso Senhor Jesus Cristo, mas são unções" *(Lateinische Määrtyrerakten.* Munique, 1960, p. 41).

A práxis da fé, negadora do sistema, vive de outra dimensão: da realidade no mundo novo, da fraternidade, do Reino destinado a todos os que a ele se convertem. Relativiza e faz comportar-se sobranceiramente face às pretensões de absoluto por parte deste mundo. Por isso o sofredor, vítima da violência do sistema, é um livre e jovial, tomado do Absoluto verdadeiro que confere sentido à perseguição e à morte. O mundo que Deus prometeu, "que olho algum viu, ouvido algum jamais ouviu", é tão real, tão verdadeiro, tão plenificador que nenhuma morte por mais violenta, nenhum suplício por mais excogitado e inumano que se apresente, é sofrido como destruidor. Tal atitude livre e libertadora exaspera os agentes do sistema, fá-los estupefatos e tomados de uma admiração incompreensível, como se relata no suplício infligido a São Policarpo (Eusébio de Cesareia. *Historia Eeclesiástica,* XV, p. 18-25). Não é esta a forma como o Transcendente se manifesta, rompendo os esquemas feitos? Não é esta uma parusia de Deus, como o verdadeiro Senhor da vida e da morte? Os esbirros e as forças de repressão não podem reprimir, não podem destruir esta dimensão de alegria e de sentido. Isso os derrota e moralmente os destrói.

Além da dimensão de fé como práxis libertadora do sentido aniquilador do sofrimento, o sofredor livre vive da dimensão esperança que transfigura o sentido de seus suplícios. Que é a esperança? – perguntava e respondia Rubem Alves: "É o pressentimento que a imaginação é mais real e a realidade menos real de quanto parece. É a sensação que a última palavra não pertence à brutalidade dos fatos que oprimem e reprimem. É a suspeita que a realidade seja muito mais complexa do que aquela que o realismo nos quer fazer crer, que as fronteiras do possível não são determinadas pelos limites do presente e que num modo miraculoso e surpreendente a vida esteja preparando o evento criativo que abrirá a via à liberdade e à ressurreição" (ALVES, R. *O filho do amanhã*). Pela esperança o profeta se recusa a aceitar que este mundo seja o melhor possível. O verdadeiro homem ainda não nasceu e devemos ajudar a gestá-lo e fazê-lo nascer na história. O homem deve conquistar aquilo que ainda não é mas poderá e deve ser, isto é, o projeto histórico de Deus sobre o homem; este foi criado para ser irmão, filho e senhor serviçal do universo. A esperança cristã se apresenta como uma profecia sobre o homem orientada para um cumprimento no futuro que se antecipa e se prepara no presente. Em nome desta esperança, o Padre Carlos Alberto contesta, denuncia, ajuda a construir uma sociabilidade mais humana, desfataliza o sistema que se apresenta como única alternativa, liberta o futuro contra o amarramento às necessidades ideológicas e os imperativos da política que mantém o homem cativo. A luta para libertar a história de seu passado morto e de seu presente opressor em nome dos não homens, possui o sentido profético de manter viva a esperança sem a qual o homem não vê mais razão de existir.

R. Garaudy, ao refletir sobre suas lutas na França e na Argélia, comentava: "Quando é percebida uma vez, esta verdade simples muda a vida: de todas as misérias sofridas, nenhuma é fatal. Pode vencer-se tudo: as crises, a servidão, a própria guerra, desde que se lute contra tudo isto. A Resistência deu disto, se não a prova, pelo menos a esperança" *(Palavra de homem.* Lisboa, 1975, p. 182).

Ademais, a fé cristã na salvação e na libertação supõe a fundamental convicção de que nada no mundo é fatal, nada é irremissível e totalmente irremediável, mas que tudo pode ser renovado e que o mundo está destinado a realizar a utopia do Reino de Deus. A fé cristã não está apenas dimensionada para aquilo que já aconteceu salvificamente no mundo, mas principalmente está centrada sobre aquilo que ainda há de vir, deverá ser, e o homem deverá querer. O Reino não vem magicamente, mas dentro do esforço humano que ajuda a gestar o futuro definitivo. A salvação total não resulta no termo da história, mas se realiza dentro de um processo de libertação, que implica momentos conflitivos. Toda libertação histórica, também aquela de Jesus Cristo, faz-se sobre uma aliança de sofrimento, de dor e de morte. É o preço a ser pago pela resistência que os sistemas fatalizadores fazem a todas as mudanças qualitativas. Deste sofrimento e sacrifício Deus não poupa ninguém, como não poupou também a seu Filho. Não é um sofrimento inócuo e sem sentido; está prenhe de significado, porque se insere dentro de um projeto libertador e é expressão da lealdade e de fidelidade pela causa da justiça e da verdade. Essa atitude possui uma eficácia própria que não é aquela da violência que pode modificar situações e eliminar pessoas. A eficácia da violência é aparente porque não consegue romper com a espiral da violência, ao passo que a eficácia do sofrimento como consequência de uma causa justa é menos visível, mas é verdadeira: dá mostras de que o futuro e o desejável para o homem está do lado do direito, da justiça, do amor e da fraternidade e não do lado da cobiça, da violência e da vontade de poder. Não é de estranhar que os sistemas fechados se tornem tanto mais violentos quanto mais pressentem o próprio fim.

3. O mistério da *passio mundi*

A partir desta experiência do sofrimento dignificador tem sentido colocar as perguntas mais radicais sobre a *passio mundi*, sem o perigo de serem manipuladas numa linha de resignação e de cinismo. O justo sofredor levanta a questão, e isso o faz sofrer sob um outro título: Por que o homem possui uma capacidade inaudita de resistir à verdade? Por que se torna cego, agressivo, destruidor em excesso? Nas guerras de que temos notícia, calcula-se, segundo E. Weber, que foram mortos três bilhões e 600 milhões de pessoas. O biólogo E. Willson nos oferece os dados mais recentes do extermínio anual das espécies: oscila entre 27 mil a cem mil, o que configura uma verdadeira devastação. Que devemos entender face a tais dados as palavras paz e libertação? Dos sete bilhões de habitantes do planeta Terra, cerca de um milhão e 200 milhões passam fome e 850 milhões são analfabetos, segundo dados recentes da FAO (Organização para a Alimentação e Agricultura). Podemos responsabilizar as pessoas concretas, tidas por opressoras, por tais violências estruturais? Uma leitura mais diligente da realidade nos convence de que o problema não se situa ao nível pessoal. De pouco vale liquidar o opressor ali da esquina, se a estrutura que destila permanentemente opressão continuar a gerar opressores. É ilusão, cegueira vingativa e falta de perspectiva histórica proceder à luta contra o mal do mundo, restringindo o combate às pessoas. Estas não são agentes, são atores de um drama mais fundo. É a forma de sociabilidade, a estrutura do sistema que é iníqua: somente descendo à análise dele, contrapondo-lhe uma práxis diferente e alternativa, pode-se lutar com sentido e com eficácia contra os males do mundo.

Por outro lado a resposta estrutural não responde a todos os interrogantes colocados pela experiência da resistência às transformações qualitativamente mais humanas e justas. A estrutura possui uma história que veio se articulando ao largo de séculos, é fruto de um projeto, ligado a uma liberdade histórica. E aqui o problema se torna extremamente difícil. Onde situar a responsabilidade? Certamente ela possui uma dimensão pessoal e própria a jada pessoa, pois ninguém é mero autômato; recebe, assimila, rejeita, acomoda dentro de um projeto pessoal; por outro lado, há uma dimensão estrutural e coletiva que vem de um passado, atravessa o coração das estruturas atuais e perpassa o coração de cada pessoa. Por que a história da liberdade pôde se encaminhar de tal forma a gerar o sistema do mal, do qual o homem faz a penosa experiência, como o testifica ainda a *Gaudium et Spes* (n. 13), "de sentir-se incapaz de dominar com eficácia seus ataques, pois se percebe aferrolhado como que em cadeias?"

Aqui cabe uma reflexão essencial e radical que desce à pergunta pelas condições de possibilidade do mal e do pecado. Talvez deverá ver no próprio fato de ser-criatura tal possibilidade. A essência da criação, num sentido ontológico, é decadência. Isso o intuiu muito bem a Escolástica ao falar do mal metafísico que não depende do homem e preexiste a ele, mal que não pode ser cometido pela liberdade porque é um estado ontológico, ligado ao próprio mistério da criação. Pelo fato de o mundo não ser Deus é limitado e dependente, separado e diferente de Deus. Por mais perfeito que seja, jamais é a perfeição de Deus; face a Ele é sempre imperfeito. Esse mal é a finitude *consciente* do mundo. Esta limitação é vivida como sofrimento pela vida consciente. Como asseverava Hegel: "toda consciência da vida é consciência do mal da vida". A consciência é finita, mas somente pode sentir-se como tal no horizonte da experiência do Infinito. Essa defasagem entre o que experimenta de finito e de Infinito provoca o sofrimento e a dor ontológica. Esse sofrimento, entretanto, constitui a dignidade do homem e expressa sua hominidade: é a forma como sente a fugacidade do mundo das pessoas, do amor e se abre para o Absoluto. Tal sofrimento antecipa a morte como possibilidade de estarmos totalmente no Infinito e em Deus. Nesta perspectiva a morte é um bem; ela pertence à vida mortal do homem e constitui a chance de máxima hominização do homem em Deus. De forma semelhante o sofrimento: ele não antecipa a ação destruidora da morte; ele intensifica a libertação de nós mesmos e da nossa liberdade para a Liberdade que é Deus. Todo sofrimento pode possuir esta estrutura, também aquele anônimo, sem qualquer heroísmo, silencioso e banal de nossa limitada existência. O sofrimento e o mal ontológico constituem assim sementeira da esperança, libertam a imaginação e fazem sonhar sonhos de libertação total. Significam a catividade criacional do homem, orientada pela esperança e pelo desejo, à completa libertação.

Este mal inocente não nos causa problemas. Ele constitui apenas a condição de possibilidade do mal como pecado e como fruto do abuso da liberdade. O homem criado criador pode não aceitar o mal e a dor ontológico-criacionais; pode recusar acolher sua finitude e mortalidade; pode querer ser como Deus (Gn 3,5). Como é Deus? Deus é exatamente o impossível do homem: infinito, imortal, fundamento sem fundamento. Pecado consiste em querer, impossivelmente, o que Deus é; é a recusa fundamental de aceitar a própria situação conscientemente limitada e por isso sofrida e dolorida. Pecado é a tentativa absurda, porque impossível, de se efetivar, de querer ser aquilo que o homem jamais pode ser: autofundamento de si mesmo, absolutamente independente, criador de si mesmo. Daí ser todo pecado aberração do sentido da criação, separação violenta de Deus e retorno egoísta sobre si mesmo. Enquanto este projeto possui sua história e interpenetra toda a tecedura humana, ele forma o pecado do mundo; é o pecado original como a anti-história do absurdo, do poder irracional e opressor do homem. Gera sofrimento, fruto do egoísmo, da vontade de poder e da dominação. É uma catividade sem dignidade nenhuma, um sofrimento sem sentido e uma dor inútil. Gera sofrimento como destruição da vida, opressão como forma de dominação sobre a liberdade do outro e uma estrutura necrófila ao largo da história, tornando cativa grande porção da humanidade, como hoje, estarrecidos, presenciamos. Esta reflexão topa com o mistério da liberdade humana. Ela pode gerar um sentimento de impotência que entrega os destinos da história à veleidade dos mais fortes. Contra isso devemos dizer: Ela surgiu na história e pode por isso também ser combatida e reduzida aos seus limites dentro da história. A consideração de sua vigência histórica leva todo homem empenhado a não perder a cabeça com modelos utópicos, como se estivesse em nossas mãos erradicar totalmente o mal do mundo. Mas implica coragem para o provisório, determinação para assumir passos concretos que significam superação de situações escravizantes e paciência heroica para suportar a presença atormentadora da persistência do mal sem se deixar contaminar na esperança e na vontade de lutar. A mensagem cristã quer ser, neste sentido, um germe de esperança. Desde que o Senhor ressuscitou, mostrou que tem poder sobre a dimensão sombria do pecado e da morte causada pelo ódio humano. A afirmação do Jesus joaneu não soa como mera fraseologia; antes constitui a ratificação de uma experiência pascal: "no mundo tereis aflições; tende confiança, porém: eu venci o mundo" (Jo 16,33).

Somente dentro de uma luta contra o mal, sentindo a resistência dele, faz-se legítima, sem ser ideológica, e castradora das forças de combate, a reflexão radical sobre a *passio mundi*. Esta não é um problema, mas um mistério inacessível à razão discursiva e analítica, mistério tão profundo como o mistério da liberdade que se mostra seja como amor seja como ódio.

Contamos no início uma história-símbolo mais do que refletimos. Isso nos parece mais sugestivo para apontar para a direção na qual deverá ser olhado o mistério do sofrimento. Como dizia P. Ricoeur, os símbolos e os mitos dão o que pensar. Pensar radicalmente é sempre pensar a partir do mistério, no interior do mistério, para levar à profundidade do mistério e não para acabar com ele. Face ao mistério da dor e do sofrimento de milhões e das dificuldades na luta suplicamos apenas a Deus: Não nos tire das ondas perigosas, mas nos liberte do medo inibidor.

IX. COMO PREGAR HOJE A CRUZ DE NOSSO SENHOR JESUS CRISTO?

Inicialmente faz-se mister alargar o nosso conceito de cruz e de morte. *Morte* não é somente o último momento da vida. É a vida toda que vai morrendo, limitando-se, até sucumbir num último limite. Daí perguntar: Como Cristo morreu? equivale a perguntar: Como viveu? Como assumiu os conflitos da vida? Como acolheu o caminhar da vida que vai até acabar de morrer? Ele assumiu a morte no sentido de ter assumido tudo o que a vida traz: alegrias e tristezas, conflitos e enfrentamentos por causa de sua mensagem e vida.

Algo semelhante vale para a *cruz*. Cruz não é apenas o madeiro. É a corporificação do ódio, da violência e do crime humanos. Cruz é aquilo que limita a vida (as cruzes da vida), que faz sofrer e dificulta andar por causa da má vontade humana (carregar a cruz cada dia). Como o Cristo suportou a cruz? Não buscou a cruz pela cruz. Buscou aquele espírito que fazia evitar a produção de cruz para si e para os outros. Pregou e viveu o amor. Quem ama e serve não cria cruzes para os outros pelo seu egoísmo, pela má qualidade de vida que gera. Anunciou a boa-nova da Vida e do Amor. Empenhou-se por ela. O mundo se fechou a Ele, criou-lhe cruzes em seu caminho e por fim o levantou no madeiro da cruz. A cruz foi consequência de um anúncio questionador e de uma prática libertadora. Ele não fugiu, não contemporizou, não deixou de anunciar e testemunhar, mesmo que devesse ser crucificado. Continuou a amar, apesar do ódio. Assumiu a cruz em sinal de fidelidade para com Deus e para com os homens. Foi crucificado para Deus (fidelidade a Deus) e crucificado pelos homens e para os homens (em amor e fidelidade aos homens).

Pregar a cruz de Nosso Senhor Jesus Cristo, hoje, significa:

1) Empenhar-se para que haja um mundo onde seja menos difícil amor, paz, fraternidade, abertura e entrega a Deus. Isso implica denunciar situações que geram ódio, divisão e ateísmo em termos de estruturas, valores, práticas e ideologias. Isso implica anunciar e realizar, numa práxis comprometida, amor, solidariedade, justiça na família, nas escolas, no sistema econômico, nas relações políticas. Esse engajamento leva como consequência a crises, confrontos, sofrimentos, cruzes. Aceitar a cruz que vem deste embate é carregar a cruz como o Senhor a carregou no sentido de suportar e sofrer por razão da causa e da vida que levamos.

2) O sofrimento que se sofre nesse empenho, a cruz que se tem de carregar nesta caminhada é sofrimento e martírio para Deus e sua causa no mundo. O mártir é mártir por causa de Deus. Não é mártir por causa do sistema. É mártir do sistema, mas para Deus. Por isso o sofredor e o crucificado por causa da justiça deste mundo é testemunha de Deus. Rompe o sistema fechado que se considera justo, fraterno e bom. O sofredor é mártir pela justiça, como Jesus e como todos os que o seguem, descobrem o futuro, deixam

aberta a história para ela crescer e produzir mais justiça do que aquela que existe, mais amor do que aquele que vigora na sociedade. O sistema quer fechar e encobrir o futuro. É fatalista; julga que não necessita de reforma e modificação. O que suporta a cruz e sofre na luta contra esse fatalismo intrassistêmico carrega a cruz e sofre com Jesus e como Jesus. Sofrer assim é digno. Morrer assim é valor.

3) Carregar a cruz como Jesus a carregou significa, portanto, solidarizar-se com aqueles que são crucificados neste mundo: os que sofrem violência são empobrecidos, desumanizados, ofendidos em seus direitos. Defendê-los, atacar as práticas em nome das quais são feitos não homens, assumir a causa de sua libertação, sofrer por causa disso: eis o que é carregar a cruz. A cruz de Jesus e sua morte foi consequência deste engajamento pelos deserdados deste mundo.

4) Tal sofrimento e morte por causa dos outros crucificados implica suportar a inversão dos valores que o sistema faz, contra o qual alguém se empenha. O sistema diz: estes que assumem a causa dos pequenos e sem defesa são subversivos, traidores, inimigos dos homens, amaldiçoados pela religião e abandonados por Deus ("maldito o que morre na cruz"). São aqueles que querem revolucionar a ordem! Entretanto, o sofredor e mártir se opõem ao sistema e denunciam seus valores e práticas porque constituem ordem na desordem. Aquilo que o sistema chama de justo, de fraterno, de bom, na realidade é injusto, discricionário e mau. O mártir desmascara o sistema. Por isso sofre a violência dele. Sofre por causa de uma justiça maior, por causa de outra ordem ("Se a vossa justiça não for maior do que aquela dos fariseus..."). Sofre sem odiar, suporta a cruz

sem fugir dela. Carrega-a em amor da verdade e dos crucificados pelos quais arriscou a segurança pessoal e a vida. Assim fez Jesus. Assim deverá fazer cada seguidor seu ao longo de toda a história. Sofre como "amaldiçoado", mas na verdade é abençoado; morre como "abandonado", mas na verdade é acolhido por Deus. Assim Deus confunde a sabedoria e a justiça deste mundo.

5) A cruz portanto é símbolo de rejeição e de violação do sagrado direito de Deus e do homem. É produto do ódio. Empenhando-se na luta para abolir a cruz do mundo, a pessoa sofre sobre si a cruz, imposta e infligida pelos que criaram a cruz. Aceita-a, não porque vê nela um valor, mas porque rompe a sua lógica de violência pelo amor. Aceitar é ser maior que a cruz; viver assim é ser mais forte que a morte.

6) Pregar a cruz pode significar um convite a um ato extremo de amor e de confiança e de total descentração de si mesmo. A vida possui sua face dramática: há os derrotados por uma causa justa, os desesperançados, os condenados ao cárcere perpétuo, os entregues à morte fatal. Todos de alguma forma pendem da cruz quando não têm que carregá-la onerosamente. Muitas vezes temos que assistir ao drama humano, silenciosos e impotentes, porque cada palavra de consolo poderia parecer tagarelice e cada gesto de solidariedade resignação inoperante. A garganta estrangula a palavra e a perplexidade seca as lágrimas em sua fonte. Especialmente quando a dor e a morte resultam da injustiça que dilacera o coração, ou quando o drama é fatal, sem nenhuma saída possível. Ainda assim tem sentido, contra todo cinismo, resignação e desespero, falar da cruz. O drama não precisa necessariamente transformar-se

em tragédia. Jesus Cristo que passou por tudo isto transfigurou a dor e a condenação à morte fazendo-as um ato de liberdade e de amor que se autoentrega, um acesso possível a Deus e uma nova aproximação àqueles que o rejeitavam: perdoou e se entregou confiante a um Maior. Perdão é a forma dolorida do amor. Entrega confiante é a total descentração de si mesmo para Alguém que nos ultrapassa infinitamente, é arriscar-se ao Mistério, como o portador último do Sentido do qual participamos, mas que não criamos. Esta chance é oferecida à liberdade do homem: pode aproveitá-la e então sossega na confiança; pode perdê-la e então soçobra no desespero. Tanto o perdão quanto a confiança constituem as formas pelas quais não deixamos que o ódio e o desespero conservem a última palavra. É o gesto supremo da grandeza do homem.

Que morrer assim confiante e descentrado alcança o derradeiro Sentido revela-o a ressurreição, que é a plenitude de manifestação da Vida presente dentro da vida e da morte. O cristão só pode afirmar isso olhando para o Crucificado que agora é o Vivente.

7) Morrer assim é viver. Dentro desta morte de cruz há uma vida que não pode ser tragada. Ela está oculta dentro da morte. Não vem depois da morte. Está dentro da vida de amor, de solidariedade e de coragem de suportar e de morrer. Com a morte ela se revela em sua potência e em sua glória.

É isso que exprime São João quando diz que a elevação de Jesus na cruz é glorificação, que a "hora" é tanto a hora da paixão quanto a hora da glorificação. Vigora, portanto, uma unidade entre paixão e ressurreição, entre vida e morte. Viver e ser crucificado assim por causa da justiça e por causa de Deus é viver. Daí a mensagem da paixão vem sempre junto com a mensagem da ressurreição. Os que morreram insurretos contra o sistema deste século e se recusaram a entrar "nos esquemas deste mundo" (Em 12,2), estes são os ressurretos. A insurreição por causa de Deus e do outro é ressurreição. A morte pode parecer sem-sentido. Entretanto ela é que tem futuro e guarda o sentido da história.

8) Pregar a cruz, hoje, é pregar o seguimento de Jesus. Não é dolorismo, nem magnificação do negativo. É anúncio da positividade, do engajamento para tornar cada vez mais impossível que homens continuem crucificando outros homens.

Essa luta implica assumir a cruz e carregá-la com coragem e também ser crucificado com hombridade. Viver assim já é ressurreição, é viver a partir de uma Vida que a cruz não pode crucificar. A cruz só a revela ainda mais vitoriosa. Pregar a cruz significa: seguir Jesus. E seguir Jesus é per-seguir seu caminho, pro-seguir sua causa e con-seguir sua vitória.

9) Deus não ficou indiferente às vítimas e aos sofredores da história. Por amor e solidariedade (cf. Jo 3,16) se fez um pobre, um condenado, um crucificado e um matado. Assumiu uma realidade que contradiz, objetivamente, a Deus, pois Ele não quer que homens empobreçam e crucifiquem outros homens. Este fato revela que a mediação privilegiada de Deus não é nem a glória nem a transparência do sentido histórico, mas o sofrimento real do oprimido. "Se Deus nos amou desta maneira, devemos também

amar-nos uns aos outros" (1Jo 4,11). Achegar-se a Deus é achegar-se aos oprimidos (Mt 25,46ss.) e vice-versa. Dizer que Deus assumiu a cruz não deve significar uma magnificação da cruz nem sua eternização. Significa apenas o quanto Deus *amou* os sofredores. Ele sofre e morre junto.

Por outro lado, Deus não fica também indiferente aos crimes, numa palavra, ao peso negativo da história. Não deixa a chaga ficar aberta até à manifestação de sua justiça no fim do mundo. Ele intervém e justifica em Jesus ressuscitado a todos os empobrecidos e crucificados da história. A ressurreição quer mostrar o verdadeiro sentido e o futuro garantido da justiça e do amor e das lutas, aparentemente, fracassadas do amor e da justiça no processo histórico. Enfim triunfarão. Será o reino da pura bondade.

X. CONCLUSÃO. A CRUZ: MISTÉRIO E MÍSTICA

Viver a cruz de Nosso Senhor Jesus Cristo implica numa mística de vida. Esta mística assenta sobre um mistério: o mistério de uma vida que se gera onde aparece a morte, o mistério de um amor, onde se manifesta o ódio. A cruz resume tudo isto.

Por um lado, é o símbolo do mistério da liberdade humana rebelada: é produzida pela vontade de rejeição, de vingança e autoafirmação até a eliminação do outro. É aquilo que o homem pode quando se recusa a Deus. É, pois, o símbolo do homem decaído, do não homem. É símbolo do crime.

Por outro lado, é símbolo do mistério da liberdade humana em seu poder: quando suportada dentro de um engajamento para superá-la e torná-la ainda mais inviável no mundo, a cruz é símbolo de outro tipo de vida, descentrada de si mesma, vida do profeta, do mártir, do homem do Reino de Deus. Não provoca a cruz, mas a suporta; não apenas a suporta, mas também a combate, e, ao combatê-la, é feito vítima, sendo crucificado pela sanha daqueles que endureceram o coração face ao irmão e a Deus; sendo crucificado pode transfigurá-la, fazendo-a sacrifício de amor pelos outros. É, pois, símbolo do homem novo e vivente. É símbolo de amor.

Cada cruz contém uma denúncia e um apelo. Denuncia o fechamento humano sobre si mesmo a ponto de crucificar Deus. Apela para um amor, capaz de tudo suportar, a ponto de o Pai entregar o seu próprio Filho à morte por seus inimigos. A cruz apresenta-se assim como essencialmente ambígua. Manter permanentemente esta ambiguidade é condição para preservar seu caráter crítico, acrisolador tanto das pretensões de autoafirmação humana quanto de nossa imagem de Deus, impassível à dor dos crucificados da história. Deus pode sofrer.

Por isso, toda cruz tem dois lados, verso e anverso. Em seu verso, a cruz, nua e solitária, indigita para o ódio humano. Em seu anverso, habitada e dolente, aponta para o amor humano e divino.

Este paradoxo da cruz não se entende pela razão formal nem pela razão dialética. Está para além do *logos* abstrato. É o *logos tou staurou,* a lógica da cruz (1Cor 1,18). A apropriação da lógica da cruz não se faz senão pela práxis: combatendo e assumindo a cruz e a morte. Assim como não se mata a fome de um esfaimado fazendo-lhe discursos sobre arte culinária, assim também não se resolve o problema do sofrimento apenas pensando nele. É comendo que se mata a fome. É lutando contra o mal que se supera seu caráter absurdo.

Como disse e viveu Paulo:

> De mil maneiras somos oprimidos, mas não nos abatemos;
> em perplexidades, mas não nos desconcertamos;
> perseguidos mas não abandonados;

abatidos ao chão, mas não nos aniquilamos.

Mortos e eis que vivemos; castigados, mas não mortos;

tristes e eis que nos alegramos;

pobres, mas a muitos enriquecendo;

nada tendo e tudo possuindo (2Cor 4,8-9; 6,9-10).

Esta práxis revela o que se esconde no drama da cruz e da morte: o Sentido último e a Vida.

Nudus Nudum sequi: nu seguir o Nu: eis a mística e o mistério da Cruz.

Referências

I. O problema e suas formulações

DUQUOC, C. "Cruz de Cristo e sofrimento humano". *Concilium* 119. Petrópolis: Vozes, 1976, p. 77-85.

KÜNG, H. *Ser cristão*. Rio de Janeiro: Imago, 1976 [p. 364-379: Interpretações da morte; p. 496-505: Domínio sobre o negativo (o abuso da cruz, o equívoco da cruz, a cruz compreendida)].

LÉON-DUFOUR, X. *Les évangiles et l'histoire de Jésus*. Paris: Éditions du Seuil, 1963.

SCHENK, L. *Der gekreuzigte Christus – Versuch einer literarkritischen und traditionsgeschichtlichen Bestimmung der vormarkinischen Passionsgeschichte*. Stuttgart: [s.e.], 1974, p. 138-140.

SCHILLE, G. "Das Leiden des Herrn. Die evangelische Passionstradition und ihr Sitz im Leben". *Zeitschrift für Theologie und Kirche*. 1955, p. 161-162.

VANHOYE, A. *De narrationibus Passionis Christi in Evangeliis Synopticis*. Roma: PIB, 1970, p. 28-41.

_____. "Structure et théologie des récits de la passion dans les évangiles synoptiques". *Nouvelle Revue Théologique* 99, 1967.

II. A morte violenta de Jesus na cruz: consequência de uma práxis e de uma mensagem

1. O projeto histórico de Jesus:

AUDET, J.P. *Le projet évangélique de Jésus.* [s.l.]: Aubier, 1969.

BERGER, K. *Die Gesetzauslegung Jesu I.* Neukirchen: [s.e.], 1972.

BOFF, L. *Jesus Cristo Libertador.* Petrópolis: Vozes, 1976, p. 62-112.

BOFF, L. *Experimentar Deus hoje.* Petrópolis: Vozes, 1975 [p. 162-173: A experiência de Deus de Jesus de Nazaré].

BOFF, C. "Foi Jesus um revolucionário?" *Revista Eclesiástica Brasileira* 31. Petrópolis: Vozes, 1971, p. 97-118 [Com ampla bibliografia citada].

CULLMANN, O. *Jesus e os revolucionários de seu tempo.* Petrópolis: Vozes, 1972.

DUQUOC, C. *Jesus, homem livre.* Lisboa: [s.e.], 1975.

_____. *Christologie.* Paris: Messie, 1972.

FLENDER, H. *Die Botschaft Jesu von der Gottesherrschaft.* Munique: [s.e.], 1968.

GILS, F. "Le sabbat a été fait por l'homme et non l'homme pour le sabbat". *Revue Biblique* 69. [s.l.]: [s.e.], 1962, p. 506-523.

GONÇALVES, O.L. *Jesus e a contestação política.* Petrópolis: Vozes, 1974.

HENGEL, M. *Foi Jesus um revolucionário?* Petrópolis: Vozes, 1971.

HOFIUS, O. *Jesu Tischgemeinschaft mit den Sündern.* Stuttgart: [s.e.], 1967.

JEREMIAS, J. "Zöllner und Sünder". *Zeitschrift für Neutestamentliche Wissenschaft* 30. [s.l.]: [s.e.],1931, p. 209-300.

_____. *Teología del Nuevo Testamento I.* Salamanca: [s.e.], 1974 [p. 134-138: Quiénes son los pobres?].

KESSLER, H. *Erlösung als Befreiung.* Düsseldorf. [s.e.], 1972 [p. 17-25: Das befreiende Wirken Jesu nach dem Neuen Testament, p. 62-74: Die neue, befreiende Praxis Jesu].

KNORZER, W. *Reich Gottes* – Traum, Hoffnung, Wirklichkeit. Stuttgart: [s.e.], 1969.

KONINGS, J. *Jesus nos evangelhos sinóticos*. Porto Alegre: Artes Médicas, 1974.

KÜNG, H. *Ser cristão*. Rio de Janeiro: Imago, 1976, p. 151-212.

PESCH, R. Das Zöllnergastmahl (Mk 2,15-17). In: *Mélanges Bibliques offerts au R.P.B. Rigaux*. Gembloux: [s.e.], 1970, p. 63-87.

SCHILLEBEECKX, E. *Jesus* – Die Geschichte von einem Lebenden. Friburgo: [s.e.], 1974, p. 105-159.

SOBRINO, J. *Cristologia desde América Latina*. México: [s.e.], 1976, p. 79-185.

VIDALES, R. "La práctica histórica de Jesús". *Christus* 40. [s.l.]: [s.e.], 1975, p. 43-55.

VÖGTLE, A. *Das Neue Testament und die Zukunft des Kosmos*. Düsseldorf: [s.e.], 1972.

2. A morte criminosa de Jesus:

BENOIT, P. *Paixão e ressurreição do Senhor*. São Paulo: [s.e], 1975 ["Le procès de Jesus". *Exegese et Theologie I*. Paris: [s.e.], 1961, p. 265-289].

BEST, E. *The Temptation and the Passion*: The Markan Soteriology. Cambridge: [s.e.], 1965.

BLINZLER, J. *Der Prozess Jesu*. 4. ed. Regensburg: [s.e.],1969.

CONZELMANN, H. Historie und Theologie in den synoptischen Passionsberichten. In: *Zur Bedeutung des Todes Jesu*. Gutersloh: [s.e], 1967, p. 35-54.

COUSIN, H. *Le prophète assassine*. Paris: [s.e.], 1976.

DELLING, G. *Der Kreuzestod Jesu in der urchristlichen Verkündigung*. Berlim: [s.e.], 1971.

FERRARO, B. "A significação política da morte de Jesus à luz do Novo Testamento". *REB* 36. Petrópolis: Vozes, 1976, p. 811-857.

FISCHER, K. "Der Tod Jesu heute. Warum musste Jesus sterben?" *Orientierung an Jesus* 35. [s.l.]: [s.e.], 1971, p. 196-199.

GEORGE, A. "Comment Jésus a-t-il perçu sa propre mort?" *Lumière et Vie* 20. [s.l.]: [s.e.], 1971, p. 34-59.

JEREMIAS, J. *Der Opfertod Jesu Christi*. Stuttgart: [s.e.], 1963.

KLAPPERT, B. *Diskussion um Kreuz und Auferstehung*. Wuppertal: [s.e.], 1967.

KESSLER, H. *Die theologische Bedeutung des Todes Jesu*. Düsseldorf: [s.e.], 1970.

LINNEMANN, E. *Studien zur Passions geschickte*. Göttingen: [s.e.], 1970.

LOHSE, E. *Die Geschichte des Leidens und Sterbens Jesu Christi*. Gutersloh: [s.e.], 1964.

POPKES, W. *Christus Traditus* – Eine Untersuchung zum Begriff der Dahingabe im NT. Zurique/Stuttgart: [s.e.], 1967.

SCHENKE, L. *Der gekreuzigte Christus*. Stuttgart: [s.e], 1974.

SCHÜRMANN, H. *Jesu ureigener Tod*. Friburgo/Basel/Viena: [s.e.], 1975.

VIERING, F. *Der Kreuzestod Jesu*. Gutersloh: [s.e.], 1969.

_____. "Zur theologischen Bedeutung des Todes Jesu". *Herderkorrespondenz* 26, 1972, p. 149-154.

III. Como Jesus interpretou sua própria morte?

BULTMANN, R. *Die Geschichte der synoptischen Tradition*. Göttingen: [s.e.], 1964.

DIBELIUS, M. *Die Formgeschichte des Evangeliums*. Tübingen: [s.e.], 1933.

DODD, C.H. *According to the Scriptures*. Welwyn: [s.e.], 1952.

DUPONT, J. *Les Béatitudes*. Paris: [s.e.], 1969.

FASCHER, E. Theologische Beobachtungen zu dei (devia). In: *Neutestamentliche Studien zu R. Bultmann*. Berlim: [s.e.], 1957, p. 228ss.

FEUILLET, A. "La coupe et le baptême de la Passion". *Revue Biblique* 74, 1967, p. 365-391.

GERHARDSON, B. "Jésus livré et abandonné". *Revue Biblique* 76, 1969, p. 222-225.

GEORGE, A. "Comment Jésus a-t-il perçu sa propre mort?" *Lumière et Vie* 101, 1971, p. 39-54.

GESE, H. "Psalm 22 und das NT". *Zeitschrift für Theologie und Kirche* 63, 1968, p. 1-22.

GNILKA, J. "Mein Gott, mein Gott". *Biblische Zeitschrift* 3, 1959, p. 294-297.

KESSLER, H. *Erlösung als Befreiung*. Düsseldorf: [s.e.], 1972.

KUHN, K.G. "Jesus in Gethsemani". *Evangelische Theologie* 12, 1952, p. 260-285.

MAHIEU, L. "L'abandon du Christ sur la croix". *Mélanges de Sciences religieuses* 2, 1945, p. 209-242.

MURPHY, T.A. *The dereliction of Christ on the Cross*. Washington: [s.e.], 1940.

PERCY, E. *Die Botschaft Jesu*. Lund: [s.e.], 1953.

RUPPERT, L. *Jesus als der leidende Gerechte?* – Der Weg Jesu im Lichte eines alt- und zwischentestamentlichen Motivs. Stuttgart: [s.e.], 1972.

RAHNER, K. & THÜSING, W. *Christologie, systematisch, exegetisch*. Friburgo: [s.e.], 1972.

TEYLOR, V. *The Gospel according to St. Mark*. Nova York: [s.e.], 1966.

IV. A ressurreição como derradeiro sentido da morte de Cristo

BOFF, L. *A ressurreição de Cristo a nossa ressurreição na morte*. Petrópolis: Vozes, 1972.

CONE, J. *Teologia negra de la liberación*. Buenos Aires: [s.e.], 1973.

V. Interpretações da morte de Cristo nas primitivas comunidades cristãs

GNILKA, J. Das Christusbild der Spruchquelle. In: *Jesus Christus nach frühen Zeugnissen des Glaubens*. Munique: [s.e.], 1970, p. 110-127.

GOPPELT, L. *Teologia do Novo Testamento*. Petrópolis: Vozes, 1976.

KESSLER, H. *Die theologische Bedeutung des Todes Jesu*. Düsseldorf: [s.e.], 1970.

KUSS, O. *Der Brief an die Hebräer*. Regensburg: [s.e.], 1966 [Regensburger Neues Testament, 8].

PAUL, A. "Pluralité des interprétations théologiques de la mort du Christ dans le Nouveau Testament". *Lumière et Vie* 101, 1971, p. 18-33.

SCHELKLE, K.H. *Die Passion Jesu in der Verkündigung des NT*. Heidelberg: [s.e.], 1949.

SCHILLEBEECKX, E. *Jesus – Die Geschichte von eines Lebenden*. Friburgo: [s.e.], 1974, p. 242-260.

SCHRÄGE, W. Das Verständnis des Todes Jesu Christi im Neuen Testament. In: BIZER, E. et al. *Das Kreuz Jesu Christi als Grund des Heiles*. Gutersloh: [s.e.], 1967, p. 49-90.

WILCKENS, U. *Weisheit und Torheit*. Tübingen: [s.e.], 1959.

VI. As principais interpretações da morte de Cristo na tradição teológica: sua caducidade e sua atualidade

AULEN, G. *Christus victor* – La notion chrétienne de redemption. [s.l.] Aubier, 1949.

DUMAS, B. *Los dos rostros alienados de la Iglesia una*. Buenos Aires: [s.e.], 1971, p. 41-80.

DUQUOC, C. *Christologie* – Essai dogmatique, II. Paris: [s.e.], 1972, p. 171-226.

GIRONÉS, G. *Jesucristo* – Tratado de soteriologia cristológica. Valência: [s.e.], 1973.

GRESHAKE, G. Der Wandel der Erlösungsvorstellungen in der Theologiegeschichte. In: VV.AA. *Erlösung und Emanzipation*. Friburgo: [s.e.], 1973, p. 69-101.

KESSLER, H. *Die theologische Bedeutung des Todes Jesu* – Eine traditionsgeschichtliche Untersuchung. Düsseldorf: [s.e.],1970.

MALDONADO, L. *La violência de lo sagrado*. Salamanca: [s.e.], 1974.

RAHNER, K. "Der eine Mittler und die Vielfalt der Vermittlungen". *Schriften zur Theologie* VIII. Einsiedeln: [s.e.], 1967, p. 218-235.

RICHARD, L. *Le mystère de la Rédemption*. Toulouse: [s.e.], 1959.

RIVIÈRE, J. *Le dogme de la rédemption* – Etude théologique. Paris: [s.e.], 1931 [*Rédemption* – Dictionnaire de Théologie Catholique XX/2. [s.l.]: [s.e.], 1912-1957].

SOBRINO, J. *Cristología desde América Latina*. México: [s.e.], 1976, p. 137-191.

WILLEMS, B. & WEIER, R. *Soteriologie von der Reformation bis zur Gegenwart* (Handbuch der Dogmengeschichte HI/2). Friburgo: [s.e.], 1972.

VII. A teologia da cruz e da morte no horizonte da hodierna teologia

BOFF, L. "Salvação em Jesus Cristo e processo de libertação". *Concilium*, n. 6. Petrópolis: Vozes, 1974, p. 753-764.

ELLACURÍA. I. *Caracter político de la misión de Jesus* (MIEC-JECI, Documento 13-14). Lima: [s.e.], 1974.

HEDINGER, U. *Wider die Versöhnung Gottes mit dem Elend* – Eine Kritik des christlichen Theismus und Atheismus. Zurique: [s.e.], 1972.

METZ, J.B. "Erlösung und Emanzipation". *Quaestiones Disputatae* 61. Friburgo: [s.e.], 1973, p. 120-140.

_____. "Pequena apologia da narração". *Concilium*, n. 5. Petrópolis, Vozes, 1973, p. 580-592.

_____ "Futuro que brota da recordação do sofrimento". *Concilium*, n. 6. Petrópolis: [s.e.], 1972, p. 709-724.

MOLTMANN, J. *Der gekreuzigte Gott.* Munique: [s.e.], 1972.

SCHILLEBEECKX, E. "The mystery of injustice and the mystery of mercy. Questions concerning human suffering". *Stauros Bulletin* 1975/3. Louvain: [s.e.], 1975.

SOLLE, D. *Leiden.* Stuttgart: [s.e.], 1973.

SOBRINO, J. La muerte de Jesus y la liberación en la historia. In: *Cristología desde América Latina.* México: [s.e.], 1976, p. 137-186.

VAN BAVEL, T.J. "Teologia della Croce". *Bolletino Stauros* 1975/1. Pescara: [s.e.], 1975.

VV.AA. (H. Küng, W. Kasper, J. Moltmann). *Sulla teologia delia Croce.* Brescia: [s.e.], 1974.

VON BALTHASAR, H. "Urs, Mysterium paschale". *Mysterium Salutis* 3/6. Petrópolis: Vozes, 1974.

VIII. O sofrimento que nasce da luta contra o sofrimento

BELLO, F. *Uma leitura política do evangelho*. Lisboa: [s.e.], 1975.

BOFF, L. *Teologia do cativeiro e da libertação*. Lisboa: [s.e.], 1976.

KAMP, J. *Souffrance de Dieu, vie du monde*. Casterman: [s.e.], 1971.

LESBAUPIN, I. *A bem-aventurança da perseguição*. Petrópolis: Vozes, 1975.

ROMER, K.J. *Esperar contra toda Esperança* (CRB II). Rio de Janeiro: [s.e.], 1973.

"Sofrimento e fé cristã" [todo o número 119 da revista *Concilium*, 1976].

IX. Como pregar hoje a cruz de Nosso Senhor Jesus Cristo?

CHEVALIER, M.-A. *La prédication de la croix*. Paris: [s.e.], 1971.

FERRARO, B. "A significação política da morte de Jesus à luz do Novo Testamento". *REB* 36. Petrópolis: Vozes, 1976, p. 811-857.

KÜNG, H. *Ser cristão*. Rio de Janeiro: [s.e.], 1976, p. 496-505.

VIERING, F. *Der Kreuzestod Jesu* – Interpretation eines theologischen Gutachtens. Gutersloh: [s.e.], 1969.

Zum Verständnis des Todes Jesu – Stellungnahme des Theologischen Ausschusses und Beschluss der Synode der Evangelischen Kirche der Union. Gutersloh: [s.e.], 1968

X. Conclusão: cruz, mistério e mística

BRETON, St. *La passion du Christ et les philosophes*. Teramo: Edizioni Eco, 1954.

GRILLMEIER, A. *Der Logos am Kreuz*. Munique: {s.e.}, 1956.

GUÉNON, R. *Le symbolisme de la croix*. Paris: {s.e.}, 1931.

RAHNER, H. Das Mysterium des Kreuzes. In: *Griechische Myten in christlicher Deutung*. Zurique: {s.e.}, 1945.

RENOUX, C. "Crucifié dans la création entière". *Bulletin de littérature ecclésiastique* n. 2. {s.l.}: {s.e.}, 1976, p. 119-122.

VON BALTHASAR, H. "Urs, Mysterium Paschale". *Mysterium Salutis* 3/6. Petrópolis: Vozes, 1974.

Livros de Leonardo Boff

1 – *O Evangelho do Cristo Cósmico*. Petrópolis: Vozes, 1971 [Esgotado – Reeditado pela Record (Rio de Janeiro), 2008].

2 – *Jesus Cristo libertador*. 21. ed. Petrópolis: Vozes, 2011.

3 – *Die Kirche als Sakrament im Horizont der Welterfahrung*. Paderborn: Verlag Bonifacius-Druckerei, 1972 [Esgotado].

4 – *A nossa ressurreição na morte*. 11. ed. Petrópolis: Vozes, 2011.

5 – *Vida para além da morte*. 25. ed. Petrópolis: Vozes, 2009.

6 – *O destino do homem e do mundo*. 12. ed. Petrópolis: Vozes, 2011.

7 – *Experimentar Deus*. Petrópolis: Vozes, 2010 [Publicado em 1974 pela Vozes com o título *Atualidade da experiência de Deus* e em 2002 pela Verus com o título atual].

8 – *Os sacramentos da vida e a vida dos sacramentos*. 28. ed. Petrópolis: Vozes, 2011.

9 – *A vida religiosa e a Igreja no processo de libertação*. 2. ed. Petrópolis: Vozes/CNBB, 1975 [Esgotado].

10 – *Graça e experiência humana*. 7. ed. Petrópolis: Vozes, 2011.

11 – *Teologia do cativeiro e da libertação*. Lisboa: Multinova, 1976 [Reeditado pela Vozes, 1998 (6. ed.)].

12 – *Natal*: a humanidade e a jovialidade de nosso Deus. 8. ed. Petrópolis: Vozes, 2009.

13 – *Eclesiogênese* – As comunidades reinventam a Igreja. 3. ed. Petrópolis: Vozes, 1977 [Reeditado pela Record (Rio de Janeiro), 2008].

14 – *Paixão de Cristo, paixão do mundo*. 7. ed. Petrópolis: Vozes, 2011.

15 – *A fé na periferia do mundo*. 5. ed. Petrópolis: Vozes, 1991 [Esgotado].

16 – *Via-sacra da justiça*. 4. ed. Petrópolis: Vozes, 1978 [Esgotado].

17 – *O rosto materno de Deus*. 11. ed. Petrópolis: Vozes, 2011.

18 – *O Pai-nosso* – A oração da libertação integral. 12. ed. Petrópolis: Vozes, 2009.

19 – *Da libertação* – O teológico das libertações sócio-históricas. 4. ed. Petrópolis: Vozes, 1976 [Esgotado].

20 – *O caminhar da Igreja com os oprimidos*. Rio de Janeiro: Codecri, 1980 [Esgotado – Reeditado pela Vozes (Petrópolis), 1998 (2. ed.)].

21 – *A Ave-Maria* – O feminino e o Espírito Santo. 9. ed. Petrópolis: Vozes, 2009.

22 – *Libertar para a comunhão e participação*. Rio de Janeiro: CRB, 1980 [Esgotado].

23 – *Igreja*: carisma e poder. Petrópolis: Vozes, 1981 [Reedição ampliada pela Ática (Rio de Janeiro), 1994 e pela Record (Rio de Janeiro), 2005].

24 – *Crise, oportunidade de crescimento*. Petrópolis: Vozes, 2010 [Publicado em 1981 pela Vozes com o título *Vida segundo o Espírito* e em 2002 pela Verus com o título atual].

25 – *Francisco de Assis*: ternura e vigor. 12. ed. Petrópolis: Vozes, 2009.

26 – *Via-sacra para quem quer viver*. Petrópolis: Vozes, 2011 [Publicado em 1982 pela Vozes com o título *Via-sacra da ressurreição* e em 2003 pela Verus com o título atual].

27 – *Mestre Eckhart*: a mística do ser e do não ter. Petrópolis: Vozes, 1983 [Reedição sob o título de *O livro da Divina Consolação*. Petrópolis: Vozes, 2006 (6. ed.)].

28 – *Ética e ecoespiritualidade*. Petrópolis: Vozes, 2010 [Publicado em 1984 pela Vozes com o título *Do lugar do pobre* e em 2003 pela

Verus com o título atual e com o título *Novas formas da Igreja*: o futuro de um povo a caminho].

29 – *Teologia à escuta do povo*. Petrópolis: Vozes, 1984 [Esgotado].

30 – *A cruz nossa de cada dia*. Petrópolis: Vozes, 2011 [Publicado em 1984 pela Vozes com o título *Como pregar a cruz hoje numa sociedade de crucificados* e em 2004 pela Verus com o título atual].

31 – *Teologia da Libertação no debate atual*. Petrópolis: Vozes, 1985 [Esgotado].

32 – *Francisco de Assis* – Homem do paraíso. 4. ed. Petrópolis: Vozes, 1999.

33 – *A Trindade, a sociedade e a libertação*. 5. ed. Petrópolis: Vozes, 1999.

34 – *E a Igreja se fez povo*. Petrópolis: Vozes, 1986 [Reedição pela Verus (Campinas), 2004, sob o título de *Ética e ecoespiritualidade* (2. ed.), e *Novas formas da Igreja*: o futuro de um povo a caminho (2. ed.)].

35 – *Como fazer Teologia da Libertação?* 10. ed. Petrópolis: Vozes, 2010.

36 – *Die befreiende Botschaft*. Friburgo: Herder, 1987.

37 – *A Santíssima Trindade é a melhor comunidade*. 11. ed. Petrópolis: Vozes, 2009.

38 – *Nova evangelização*: a perspectiva dos pobres. 4. ed. Petrópolis: Vozes, 1991 [Esgotado].

39 – *La misión del teólogo en la Iglesia*. Estella: Verbo Divino, 1991.

40 – *Seleção de textos espirituais*. Petrópolis: Vozes, 1991 [Esgotado].

41 – *Seleção de textos militantes*. Petrópolis: Vozes, 1991 [Esgotado].

42 – *Con la libertad del Evangelio*. Madri: Nueva Utopia, 1991.

43 – *América Latina*: da conquista à nova evangelização. São Paulo: Ática, 1992.

44 – *Ecologia, mundialização e espiritualidade*. 2. ed. São Paulo: Ática, 1993 [Reedição pela Record (Rio de Janeiro), 2008].

45 – *Mística e espiritualidade* (com Frei Betto). 4. ed. Rio de Janeiro: Rocco, 1994 [Reedição revista e ampliada pela Garamond (Rio de Janeiro), 2005 (6. ed.) e reedição pela Vozes (Petrópolis), 2010].

46 – *Nova era*: a emergência da consciência planetária. 2. ed. São Paulo: Ática, 1994 [Reedição pela Sextante (Rio de Janeiro), 2003, sob o título de *Civilização planetária*: desafios à sociedade e ao cristianismo].

47 – *Je m'explique*. Paris: Desclée de Brouwer, 1994.

48 – *Ecologia* – Grito da terra, grito dos pobres. 3. ed. São Paulo: Ática, 1995 [Reedição pela Sextante (Rio de Janeiro), 2004].

49 – *Princípio Terra* – A volta à Terra como pátria comum. São Paulo: Ática, 1995 [Esgotado].

50 – (org.) *Igreja*: entre norte e sul. São Paulo: Ática, 1995 [Esgotado].

51 – *A Teologia da Libertação*: balanços e perspectivas (com José Ramos Regidor e Clodovis Boff). São Paulo: Ática, 1996 [Esgotado].

52 – *Brasa sob cinzas*. 5. ed. Rio de Janeiro: Record, 1996.

53 – *A águia e a galinha*: uma metáfora da condição humana. 48. ed. Petrópolis: Vozes, 2010.

54 – *Espírito na saúde* (com Jean-Yves Leloup, Pierre Weil, Roberto Crema). 7. ed. Petrópolis: Vozes, 2008.

55 – *Os terapeutas do deserto* – De Fílon de Alexandria e Francisco de Assis a Graf Dürckheim (com Jean-Yves Leloup). 13. ed. Petrópolis: Vozes, 2010.

56 – *O despertar da águia*: o dia-bólico e o sim-bólico na construção da realidade. 22. ed. Petrópolis: Vozes, 2010.

57 – *Das Prinzip Mitgefühl* – Texte für eine bessere Zukunft. Friburgo: Herder, 1998.

58 – *Saber cuidar* – Ética do humano, compaixão pela terra. 17. ed. Petrópolis: Vozes, 2011.

59 – *Ética da vida*. 3. ed. Brasília: Letraviva, 1999 [Reedição pela Sextante (Rio de Janeiro), 2005, e pela Record (Rio de Janeiro), 2009].

60 – *A oração de São Francisco*: uma mensagem de paz para o mundo atual. 9. ed. Rio de Janeiro: Sextante, 1999 [Reedição pela Vozes (Petrópolis), 2009].

61 – *Depois de 500 anos*: que Brasil queremos? 3. ed. Petrópolis: Vozes, 2003 [Esgotado].

62 – *Voz do arco-íris*. 2. ed. Brasília: Letraviva, 2000 [Reedição pela Sextante (Rio de Janeiro), 2004].

63 – *Tempo de transcendência* – O ser humano como um projeto infinito. 4. ed. Rio de Janeiro: Sextante, 2000 [Reedição pela Vozes (Petrópolis), 2009].

64 – *Ethos mundial* – Consenso mínimo entre os humanos. 2. ed. Brasília: Letraviva, 2000 [Reedição pela Sextante (Rio de Janeiro), 2003 (2. ed.)].

65 – *Espiritualidade* – Um caminho de transformação. 3. ed. Rio de Janeiro: Sextante, 2001.

66 – *Princípio de compaixão e cuidado* (em colaboração com Werner Müller). 4. ed. Petrópolis: Vozes, 2009.

67 – *Globalização*: desafios socioeconômicos, éticos e educativos. 3. ed. Petrópolis: Vozes, 2002 [Esgotado].

68 – *O casamento entre o céu e a terra* – Contos dos povos indígenas do Brasil. Rio de Janeiro: Salamandra, 2001.

69 – *Fundamentalismo*: a globalização e o futuro da humanidade. Rio de Janeiro: Sextante, 2002 [Esgotado].

70 – (com Rose Marie Muraro) *Feminino e masculino*: uma nova consciência para o encontro das diferenças. 5. ed. Rio de Janeiro: Sextante, 2002 [Reedição pela Record (Rio de Janeiro), 2010].

71 – *Do iceberg à arca de Noé*: o nascimento de uma ética planetária. 2. ed. Rio de Janeiro: Garamond, 2002 [Reedição pela Mar de Ideias (Rio de Janeiro), 2010].

72 – (com Marco Antônio Miranda) *Terra América*: imagens. Rio de Janeiro: Sextante, 2003 [Esgotado].

73 – *Ética e moral*: a busca dos fundamentos. 6. ed. Petrópolis: Vozes, 2010.

74 – *O Senhor é meu Pastor*: consolo divino para o desamparo humano. 3. ed. Rio de Janeiro: Sextante, 2004 [Reedição pela Vozes (Petrópolis), 2010 (2. ed.)].

75 – *Responder florindo*. Rio de Janeiro: Garamond, 2004 [Reedição pela Mar de Ideias (Rio de Janeiro), 2012].

76 – *São José*: a personificação do Pai. 2. ed. Campinas: Verus, 2005 [Reedição pela Vozes (Petrópolis), 2011].

77 – *Virtudes para um outro mundo possível* – Vol. I: Hospitalidade: direito e dever de todos. Petrópolis: Vozes, 2005.

78 – *Virtudes para um outro mundo possível* – Vol. II: Convivência, respeito e tolerância. Petrópolis: Vozes, 2006.

79 – *Virtudes para um outro mundo possível* – Vol. III: Comer e beber juntos e viver em paz. Petrópolis: Vozes, 2006.

80 – *A força da ternura* – Pensamentos para um mundo igualitário, solidário, pleno e amoroso. 3. ed. Rio de Janeiro: Sextante, 2006.

81 – *Ovo da esperança*: o sentido da Festa da Páscoa. Rio de Janeiro: Mar de Ideias, 2007.

82 – (com Lúcia Ribeiro) *Masculino, feminino*: experiências vividas. Rio de Janeiro: Record, 2007.

83 – *Sol da esperança* – Natal: histórias, poesias e símbolos. Rio de Janeiro: Mar de Ideias, 2007.

84 – *Homem*: satã ou anjo bom. Rio de Janeiro: Record, 2008.

85 – (com José Roberto Scolforo) *Mundo eucalipto*. Rio de Janeiro: Mar de Ideias, 2008.

86 – *Opção Terra*. Rio de Janeiro: Record, 2009.

87 – *Fundamentalismo, terrorismo, religião e paz*. Petrópolis: Vozes, 2009.

88 – *Meditação da luz*. 2. ed. Petrópolis: Vozes, 2010.

89 – *Cuidar da Terra, proteger a vida*. Rio de Janeiro: Record, 2010.

90 – *Cristianismo*: o mínimo do mínimo. Petrópolis: Vozes, 2011.

91 – *El planeta Tierra*: crisis, falsas soluciones, alternativas. Madri: Nueva Utopia, 2011.

92 – (com Marie Hathaway). *O Tao da Libertação* – Explorando a ecologia da transformação. Petrópolis: Vozes, 2011.

93 – *Sustentabilidade*: O que é – O que não é. Petrópolis: Vozes, 2012.

Dê um livro de presente!

EDITORA VOZES

www.vozes.com.br
vendas@vozes.com.br

CULTURAL

Administração
Antropologia
Biografias
Comunicação
Dinâmicas e Jogos
Ecologia e Meio Ambiente
Educação e Pedagogia
Filosofia
História
Letras e Literatura
Obras de referência
Política
Psicologia
Saúde e Nutrição
Serviço Social e Trabalho
Sociologia

CATEQUÉTICO PASTORAL

Catequese
Geral
Crisma
Primeira Eucaristia

Pastoral
Geral
Sacramental
Familiar
Social
Ensino Religioso Escolar

TEOLÓGICO ESPIRITUAL

Biografias
Devocionários
Espiritualidade e Mística
Espiritualidade Mariana
Franciscanismo
Autoconhecimento
Liturgia
Obras de referência
Sagrada Escritura e Livros Apócrifos

Teologia
Bíblica
Histórica
Prática
Sistemática

VOZES NOBILIS

Uma linha editorial especial, com importantes autores, alto valor agregado e qualidade superior.

REVISTAS

Concilium
Estudos Bíblicos
Grande Sinal
REB (Revista Eclesiástica Brasileira)
SEDOC (Serviço de Documentação)

VOZES DE BOLSO

Obras clássicas de Ciências Humanas em formato de bolso.

PRODUTOS SAZONAIS

Folhinha do Sagrado Coração de Jesus
Calendário de Mesa do Sagrado Coração de Jesus
Folhinha do Sagrado Coração de Jesus (Livro de Bolso)
Agenda do Sagrado Coração de Jesus
Almanaque Santo Antônio
Agendinha
Diário Vozes
Meditações para o dia a dia
Guia do Dizimista
Guia Litúrgico

CADASTRE-SE
www.vozes.com.br

EDITORA VOZES LTDA.
Rua Frei Luís, 100 – Centro – Cep 25689-900 – Petrópolis, RJ – Tel.: (24) 2233-9000 – Fax: (24) 2231-4676
E-mail: vendas@vozes.com.br

UNIDADES NO BRASIL: Aparecida, SP – Belo Horizonte, MG – Boa Vista, RR – Brasília, DF – Campinas, SP
Campos do Goytacazes, RJ – Cuiabá, MT – Curitiba, PR – Florianópolis, SC – Fortaleza, CE – Goiânia, GO
Juiz de Fora, MG – Londrina, PR – Manaus, AM – Natal, RN – Petrópolis, RJ – Porto Alegre, RS – Recife, PE
Rio de Janeiro, RJ – Salvador, BA – São Luís, MA – São Paulo, SP
UNIDADE NO EXTERIOR: Lisboa – Portugal